TIME WISE

POWERFUL HABITS, MORE TIME, GREATER JOY

成功人士的
用時智慧

Amantha Imber
阿曼莎・伊姆貝爾 著
羅亞琪 譯

臉譜書房 FP2285

成功人士的用時智慧

向世界百位高成就人士取經，學習事半功倍的時間運用智慧，讓你不再身心俱疲、收穫更大快樂

Time Wise: Powerful Habits, More Time, Greater Joy

作　　者　阿曼莎・伊姆貝爾（Amantha Imber）
譯　　者　羅亞琪
責任編輯　郭淳與
封面設計　Dinner Illustration
行銷企畫　陳彩玉、林詩玟、李振東

發 行 人　凃玉雲
編輯總監　劉麗真
總 編 輯　謝至平
出　　版　臉譜出版
　　　　　城邦文化事業股份有限公司
　　　　　台北市民生東路二段141號5樓
　　　　　電話：886-2-25007696　傳真：886-2-25001952
發　　行　英屬蓋曼群島商家庭傳媒股份有限公司城邦分公司
　　　　　台北市中山區民生東路141號11樓
　　　　　客服專線：02-25007718；25007719
　　　　　24小時傳真專線：02-25001990；25001991
　　　　　服務時間：週一至週五上午09:30-12:00；下午13:30-17:00
　　　　　劃撥帳號：19863813　戶名：書虫股份有限公司
　　　　　讀者服務信箱：service@readingclub.com.tw
　　　　　城邦網址：http://www.cite.com.tw
香港發行所　城邦（香港）出版集團有限公司
　　　　　香港九龍九龍城土瓜灣道86號順聯工業大廈6樓A室
　　　　　電話：852-25086231　傳真：852-25789337
　　　　　電子信箱：hkcite@biznetvigator.com
新馬發行所　城邦（新、馬）出版集團
　　　　　Cite（M）Sdn. Bhd.（458372U）
　　　　　41, Jalan Radin Anum, Bandar Baru Seri Petaling,
　　　　　57000 Kuala Lumpur, Malaysia.
　　　　　電話：+6(03)-90563833　傳真：+6(03)-90576622
　　　　　電子信箱：services@cite.my

一版一刷　2023年12月

城邦讀書花園
www.cite.com.tw

ISBN　9786263154001（紙本書）
EISBN　9786263153967（EPUB）
售　價　420元

圖書館出版品預行編目資料

成功人士的用時智慧：向世界百位高成就人士取經, 學習事半功倍的時間運用智慧，讓你不再身心俱疲、收穫更大快樂／阿曼莎・伊姆貝爾(Amantha Imber)作；羅亞琪譯. -- 一版. -- 臺北市：臉譜出版, 城邦文化事業股份有限公司出版：英屬蓋曼群島商家庭傳媒股份有限公司城邦分公司發行, 2023.12
　面；　公分. --（臉譜書房；FP2285）
譯自：Time wise : powerful habits, more time, greater joy.

ISBN 978-626-315-400-1（平裝）

1. CST：時間管理　2. CST：成功法

177.2　　112017205

我們的生命並非短暫，而是我們讓它變得短暫，

我們也並非資源匱乏，而是浪費了……

生命很長——如果你知道如何利用它。

——塞內卡（Seneca）《論生命短暫》

找回時間，原來需要捨棄的勇氣

——劉揚銘（自由作家）

很高興能為這本書寫推薦，因為讀書稿時，我真的忍不住拿起筆，把時間管理小技巧一一記下，寫下才不怕忘記，之後直接用在工作上。這本《成功人士的用時智慧》讀來意外有趣，看到自己已經在做的方法時會暗自小得意，而發現「原來還可以這樣做！」的新點子時好像打開了某些盒子，趕緊收進大腦的抽屜。

書裡不講老掉牙的方法論，每篇文章都是一位厲害人物正在使用的技巧，不少方法乍看反直覺，卻令人感到真實。當我發現這些大人物和我一樣有人性弱點，比如看見龐大計畫會頓失動力不想開工、做到一半愛拖延、手機一滑一下午、成果收到負面評價時很傷心、會低估執行時間、不擅於拒絕別人、冒牌者症候群嚴重、開會不敢說出很笨的意見所以壓力山大……而他們找到了面對這些困擾的方法，還願意無私分享——這裡說的可是葛瑞琴．魯賓（Gretchen Rubin）、馬克斯．巴金漢（Marcus

Buckingham）、卡爾・紐波特（Cal Newport）、奧利佛・柏克曼（Oliver Burkeman）等人物呢！商管書讀者肯定聽過這些名字。但就算不知道以上是誰，只要看到他們解決時間管理困擾的創意，就值回票價。

就我自己來說，讀完本書的最大收穫是：想找回時間的掌控權，原來最需要的是捨棄的勇氣，而不是嘗試把更多事塞進行事曆的努力。不是說我們不該做更多，而是時間管理的難題在於「減少」往往比「增加」困難，例如我們都知道開會很浪費時間，但真的要列出「哪些會議我可以不用開？」並勇敢拒絕，光這點就讓許多人卻步。但別擔心，關於開會的減法，第一章和第三章提出許多直接又明確的方法協助。

如果你的行程總是一直趕，總是想著更多做不完的事情，沒時間靜下來思索人生和未來，那麼這本書絕對適合你，而且解決方法或許比你想得更幽默有創意。話說我曾經連續好幾年，在過年夜深人靜時驚覺自己去年到底在幹嘛？為什麼時間一下就過完了，而日子卻沒什麼改變？總是來不及想完，年假一過又繼續無腦上班……真希望我早點知道這些。

而現在的我，依然工作一卡關就很快放棄，來到第七章才發現有許多轉換心情、變換行動與切換環境的小祕訣，可以幫助我調整節奏，或許有動力再追求一小波嘗試。能學會用一句簡單的話語鼓勵自己，設法在工作時保有「因為有我所以不一樣」

的堅持……這些點子可能很小，但一點一點累積，會給生活帶來很大的改變。

我喜歡書裡寫到「應該追求工作與生活的『不』平衡」，盡量增加喜歡的事情，減少痛恨的活動，畢竟我們總有一天會死，而在那之前如何過好人生，是時間管理的終極課題。

最後私心分享個人偏好，即書裡第六章談到的「連結：建立更好的人際關係」。或許你會想，這和時間管理有關嗎？但我們不是孤島，工作和人生都彼此影響與合作，書裡提到認識陌生人的技巧（比如在社交場合茫然時，就找單數人群體裡落單的那個人講話，自救也救人），以及和久未聯絡的朋友聯繫的建議。我想練習當一個有趣的人，也許會在出乎意料的時機得到他人救援，省下許多時間喔。

一本「不」老調重彈的時間管理書籍

——朱騏（卡片盒筆記法專家）

在這個資訊爆炸的時代，人們每天都忙著追求效率。但，我們真的掌握了如何「有智慧地運用時間」嗎？

剛接到出版社的邀約閱讀時，我以為這又是一本老調重彈的時間管理書籍。但在閱讀前面幾個章節後，我就發現自己錯了。

這本書最有意思的地方，是作者訪談了多位你在其他生產力、時間管理書籍上肯定都聽過的作者，像是《給予：華頓商學院最啟發人心的一堂課》（*Give and Take*）的作者亞當・格蘭特（Adam Grant）、《生時間》（*Make Time*）與《Google創投認證！SPRINT衝刺計畫》（*Sprint*）的作者傑克・納普（Jake Knapp）和約翰・澤拉斯基（John Zeratsky）。這本書探索了高效率人士的工作方法，其中有三個訣竅讓我印象深刻；下面除了分享書籍重點，也跟你分享我實際採用的心得。

訣竅1　不要設定目標，要建立系統

這個觀念顛覆我的認知。

設定目標的問題在於，這暗示了我們在達成目標之前都是失敗的狀態。但人的內心喜歡追求改變、不安於現狀，所以就算我們達成了目標，心中還是會不滿足。

相反的，我們該建立一套系統。

系統很小很輕鬆，在心中能負荷的範圍內做事情。舉例來說，從「今年寫出一本書」的目標，轉為建立「一天寫五百字內容」的系統；從「增加社群媒體粉絲數量」的目標，轉為建立「每天寫一篇貼文」的系統；從「精通吉他」的目標，轉為建立「每天練習吉他基本指法」的系統。

系統是每天都要去做的事情，最後更能幫助我們達成目標。例如我的目標是在明年出版一本關於寫作的新書，但更好的方式其實是建立一套寫作系統——每天都在臉書上發表一到兩篇三百字短文來分享寫作技巧，這樣到了年底，我就能累積十萬字的內容用來出版書籍。

訣竅 2　建立一個「可能清單」

這個可能清單的技巧非常好用。

我相信列清單對你不困難，難的是如果任務量超標怎麼辦？像我現在每天的待辦清單都有超過十個任務，看了心理壓力就好大呀。

《生時間》作者約翰．澤拉斯基建議我們可以寫一份「可能清單」，把自己想做、可能做的任務都移動到這份清單上。這份清單之所以有效的原因，是因為清單的名字已經暗示我們「有時間可能會去做，沒時間做就算了」。

現在，我將自己天馬行空的想法、不急迫的事情全部移動到這個可能清單上。這讓我一天的待辦清單上只留下不做不行的任務，心理壓力減少許多。

一個簡單的小訣竅，你馬上就可以拿來試一試。

訣竅 3　當有人跟你借時間的時候，要思考整座冰山

這個訣竅來自約翰．澤拉斯基（沒錯，又是他！）。

他說：「現在，每當有人想要借用我的時間或提供機會給我，我會思考整座冰山，而不只有漂浮在表面上的那一角。」意思是，當要答應別人是否要執行某個活動

時，除了做那個活動要花的時間之外，也要思考前面要花多少時間準備。

我完全能體會這個訣竅的重要性。今年七月我剛出版《知識複利筆記術》，當時我的責任編輯電腦玩物站長Esor跟我說：「我們來排一些九月的書籍導讀會，替你的書宣傳吧。」我打開Google行事曆，看著手機說：「好呀，九月行程看起來很空，沒問題！」

殊不知，這是惡夢的開始。

我忘記自己八月已經接了三場企業內訓。雖然書籍導讀會是九月，但是我八月的時間已經全部被占滿，幾乎沒有時間可以用來準備導讀會的簡報。這給了我一個教訓：當我們收到一個時間還很遠的合作機會時，要去評估前後一個月的工作，因為行事曆上是看不到這些「前置／收尾工作」的。這也是為什麼約翰．澤拉斯基要提醒我們，在考慮工作時，除了思考工作發生的冰山一角，也要思考藏在底下的整座冰山。

雖然這又是一本講生產力的書，但裡面的方法確實新穎。上面我提到的三個訣竅只是書中講「優先順序」的一小部分，這本書還會提到以下六個主題：架構、效率、專注、反思、連結、精力；你可以從自己感興趣的主題開始讀起，相信一定會有所收穫並改變你的生活。

目次

推薦序　找回時間，原來需要捨棄的勇氣／劉揚銘　4
推薦序　一本「不」老調重彈的時間管理書籍／朱騏　8
緒　言　你有多會善用時間？　20
第一章　優先順序：決定什麼才是最重要的　30
設定目標出了問題，我來告訴你該如何修正
幫助我們不再身心俱疲的心理捷徑
你需要私人董事會
決策過程中大多數人漏掉的重要步驟
問對問題讓你做出更好的決定
輕鬆做出更有道德的決定
讓你不自量力的冰山一角
這個簡單的問題可以讓你永遠不再後悔自己的決定
決定應該參加哪些會議
你需要追求工作與生活的「不」平衡
如何在星期五下午善用時間
幫助你擁有大格局的日常儀式
利用可能待辦清單完成更多事

你需要為待辦清單設定限制
優先順序——複習

第二章　架構：形塑你的一天——80

讓晝夜節律形塑你的一天
轉換紀錄如何幫助你善用時間
讓每一天都有令人心滿意足的亮點
如何才能做更多時薪一萬澳幣的事情，更少時薪十澳幣的事情
清除行事曆裡的狗屁事項
別再讓他人劫持你的行事曆
讓每一個小時都有生產力
認真對待休息時間
不再瘋狂忙碌的一天
停止無腦檢查電子信箱
使用海明威把戲結束一天
養成下班儀式
架構——複習

第三章　效率：更快速、更聰明地工作——120

你需要獵殭屍
別再浪費時間在重複的任務上
你必須拒絕喝咖啡的邀約
大幅減少會議數量
別再浪費每個人的時間——包括你自己的
用影片取代會議
一次開完大量會議
更有效率的會議公式
你需要「待討論清單」
把電子信箱當成剛洗好的衣服
減少時間浪費的簡單策略
透過助推理論改變行為
不再忘記自己讀過的東西
滑鼠可以給你生產力超能力
效率——複習

第四章　專注：直達心流——164
利用行為設計改變你跟手機的關係
放置手機的定時儲物盒
用橡皮筋戒除手機成癮症
手機遠離餐桌可以提升快樂感
把手機變無趣
停止無腦滑手機的簡單策略
讓自己不在假期檢查電子信箱的方法
給自己多一點獨處的時間
利用實體環境進入狀態
靠第二台電腦保持專注
脫離瓶頸的簡單訣竅
利用腳本脫離瓶頸
你需要瓶頸計時器
習慣不舒服的感受會讓你更有生產力
利用音樂進入狀態
進入創意工作的流暢狀態

拖延的真正原因
專注——複習

第五章　反思：檢視內心——214
你需要安排定期人生健檢
把自我懷疑變成長處，而非弱點
別再試著當一個空間裡最聰明的那個人
記得，這是你的故事
用這個簡單的問題把恐懼變成興奮
尋求回饋的理想時機
尋求真正有用的回饋
花錢請人批評你
重新觀看自己的表現
用一個簡單的片語激勵自己做不想做的事情
提醒自己你有一天會死
反思——複習

第六章　連結：建立更好的人際關係——248
撰寫一頁的操作手冊

利用一件衣物改變行為
出其不意贈禮具有強大的力量
別再認為自己是座孤島
你必須成為極端的給予者
不用認識新的人也可以建立好人脈
快速建立融洽關係的訣竅
認識新朋友該如何避免無意義的閒聊
在社交活動認識新朋友沒那麼可怕
把人脈活動變容易的簡單數字訣竅
寄送好笑一點的電子郵件吧
連結——複習

第七章　精力：保持活力——286
便利貼如何使你更有韌性
事情脫序時重回軌道的簡單方式
把困難的工作變得愉快
進行困難工作的最佳步調

如何讓習慣真正固定下來
把正經事當成玩笑
怦然心動資料夾
讓電腦登入密碼使你更有生產力
別再趕了
買下更多時間
移除人生中反覆出現的惱人因子
如何拒絕他人而不感到愧疚
「好的，可是」的力量
創造一份不待辦清單
精力——複習

成功善用時間——330

延伸資源——332

謝辭——334

參考資料——338

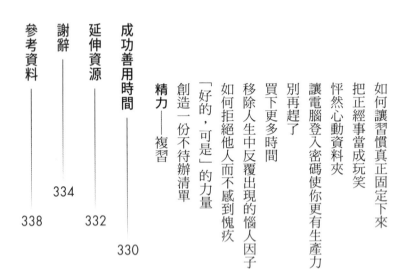

你有多會善用時間？

「壞消息：時間總是飛逝而過。好消息：你就是飛行員。」

——麥可・阿爾特舒勒（Michael Altshuler）

幾年前，我偶然看到一張網路瘋傳的圖片，上面寫：「你一天擁有的時數跟碧昂絲一樣多。」

我馬上就想：「是啊，沒錯！」但是，我緊接著又想：「那我怎麼沒有在世界各地賣出超過一億張唱片，同時撫養一對雙胞胎，還在全球推廣重要的女性主義議題呢？我的人生到底在幹嘛?!」

我說服自己，都是我的歌唱能力有限，受精卵又沒有在子宮內分裂，才害我無法實現這些成就。可是我也不禁想，高成就者運用時間的方式是不是跟其他人不一樣？

除非你是碧昂絲本人（但我們必須承認，她不是這本書的目標讀者），不然你現在大概在想：「或許是吧，可是他們也有一堆人幫忙處理滿出來的收件匣、每天送上廚師烹煮的營養均衡的晚餐、有人替他們清潔廁所的髒污和臭味。我的人生非常混亂忙碌！我還得自己刷馬桶哩！」

我知道。世界各地數以百萬計的人也知道。

世界衛生組織的研究顯示，我們今天工作的時間比以前還長。[1]二〇一六年，全球有四億八千八百萬人每週工作超過五十五個小時。你可能認為這沒有很糟，但是你錯了；跟一週工作三十五到四十個小時的標準時數相比，一週工作超過五十五個小時會增加百分之三十五的中風機率、百分之十七罹患心臟病的機率。辛苦工作是真的會害死我們。

那可惡的COVID病毒更是讓情況雪上加霜。

一項針對美國近三千名專業人士所進行的調查發現，疫情期間改成遠距工作的人，有七成現在週末也要工作。[2]百分之四十五的人說，改成在家上班後，他們的工時比在辦公室上班時還多。

在一項涵蓋六十五個國家的研究中，澳洲軟體巨頭艾特萊森（Atlassian）發現，澳洲人的每日平均工時在COVID期間增加了三十二分鐘[3]；微軟在二〇二一年發布的年度工作趨勢指數（Work Trend Index）則發現，因為疫情的關係，人們花在視訊會議上的時間增加了一倍以上，且每場會議平均多了十分鐘。我們都知道視訊會議多麼吸引人又豐富人生。

讓情況更糟的是，我們從來不曾像現在這樣受到數位訊息的轟炸。根據微軟的報告，跟疫情前相比，我們現在每週發送的訊息多了百分之四十五，下班後發送的訊息也增加百分之四十二。[4]此外，我們在二〇二一年二月發送的電子郵件比在二〇二〇年二月多了四百零六億封。所以，假如你覺得每次開啟信箱都要被淹沒了，你絕對不是一個人。

為了好玩，我們也把虛擬課堂納進來。那又是一個占據全部時間的夢魘——啊不是，是「工作」。希望這本書上架時，這份工作已經遠離我們。

微軟報告顯示，在二〇二一年，全世界有百分之四十的員工考慮離職，這或許並不叫人意外。

工作生活很艱辛。

但，事情不一定要這樣。

回到二〇一八年的一月，我的人生也很忙碌；除了經營一間管理顧問公司，有充滿野心的目標要達成，還身兼母親、女兒、朋友、家庭主婦等身分。我感覺自己一直在匆匆完成一件又一件的事情，可是不知為何，每週竟然還是有辦法滑Instagram滑好幾個小時。優先順序，對吧？

那時是一月，象徵重新開始的月份，我開始反思自己前一年完成了什麼。沒錯，我的公司 Inventium 運作良好，我們表現得很棒。但我個人完成了什麼？我非常迅速地回覆了數以千計的電子郵件，也寄出很多精心撰寫的電子郵件；我每天大部分的工時都在處理團隊的要求。我出席數百場會議，貢獻聽起來很睿智的想法。但是，我有做到最好了嗎？不算是。

我希望二〇一八年可以更好。我想要轉變我的工作習慣，因為我感覺這部分有很多可以改進的空間——我不想再當收件匣的奴隸，我希望每天都能在合理的時間離開辦公室，以確保我總是能在家跟年幼的女兒共度晚間時光；我希望在每一個工作天結束前，都能浮現自己有所進展的那種美好感受，完成了有意義的工作，而不是想著「我今天到底做了什麼？」；我希望我的人生不要繼續陷入 Instagram 黑洞；我希望我不要再這麼容易做出反應。

於是，我開了一個播客節目。

我把自己從老是說要開播客節目的那種討厭鬼，變成真的開了播客節目的人（因此，我現在變成幾乎每次對話都硬要提到該節目的那種討厭鬼）。

這個播客節目《我是如何工作》（How I Work）是我個人的使命。我想要知道，全世界的碧昂絲和馬斯克運用時間的方式跟我們這些凡人有何不同；我想知道他們為什麼可以這麼有效率地管理自己的每一天、每一小時和每一分鐘，我們其他人卻連一年清空收件匣一兩次都有困難？

這世界對高成就者的需求很高，他們的收件匣總是爆滿、行事曆總是滿檔、工作量多得驚人。有這麼多人無止盡地要求得到他們的時間和精力，他們究竟是怎麼把事情完成的？

在經過三年、一百五十次以上的訪問和超過三百萬次下載之後，我做出兩個結論。

一、高成就者管理工作天的方式確實不一樣。

二、無論你是一名CEO、有工作的父母、大學生或是努力不被生活淹沒的任何人，他們的策略都能改善你的生產力和工作方式。

這本書會提供你他們每一個人為了讓工作更有成效所找到的答案、祕密與策略；你會感覺自己好像獲准加入一個專屬俱樂部，能學到各個領域最優秀的人才使用的最佳策略。

我會告訴你華頓商學院的教授亞當・格蘭特（Adam Grant）每天早上展開工作

時，讓自己輕鬆進入狀態的訣竅；你會發現美劇《大城小妞》（*Broad City*）的編劇和演員之一艾比·雅各森（Abbi Jacobson）如何把冒牌者症候群變成一種優勢，Google的執行生產力顧問蘿拉·梅·馬丁（Laura Mae Martin）又是如何整理自己的收件匣。

你在這本書不會找到老掉牙的生產力策略，像是：先做最重要的事項；設定明確的目標；不要常常瀏覽社群媒體。畢竟，這些你早就知道了。反之，這本書要讓你學到一些非常怪異、反常、往往有違直覺的方法來提高生產力。

你會知道繽趣（Pinterest）應用程式的前總裁提姆·坎達爾（Tim Kendall）為什麼要把手機鎖在定時儲物盒好幾個小時；你會得知垃圾清除公司1800-GOT-JUNK的創始人兼執行長布萊恩·斯庫達莫爾（Brian Scudamore）度假時，都會請助理更改他的電子信箱密碼，這樣他就能強迫自己好好放鬆；你會瞭解新聞主播桑德拉·蘇利（Sandra Sully）為什麼幾乎每天晚上都會重看自己的播報表現。

主持《我是如何工作》是一份夢幻工作，因為我非常好奇成功人士如何完成所有事情。

自從有記憶以來，我總是努力尋求改進和實現成就。小學時期讓我記憶最深刻的一些回憶，都跟我正直好強的性格有關——我總是想要變得更好。

我小學時的勁敵是一個名叫邦妮·史馬特（Bonnie Smart）的女生；她真的是人

如其名，非常聰明（smart）。我跟邦妮總是在競爭誰能在課業上拿到第一名，每次她數學考試比我高分，我都非常難過；當我險勝過她，我就會很開心（並在私底下沾沾自喜）。

我的野心就這樣持續下去，最後我成為蒙納許大學組織心理學最年輕的博士畢業生。二十四歲時，我的名字後面就有博士這個頭銜了。對了，我有沒有說，我在攻讀博士的第一年，有一間很大的國際唱片公司想跟我簽約，因為我在課餘時間還去當歌手／作曲家／吉他手？沒錯，是真的。

最後，我並沒有跟他們簽約，因為我就是這麼一個書呆子，現在也是一樣。比起國際巨星，我更想要成為心理學家。快三十歲時，我開了一間行為科學顧問公司Inventium，跟團隊一起擔任世界上最大的一些公司的顧問，包括Google、蘋果、美國運通（American Express）、勤業眾信（Deloitte）、迪士尼、艾特萊森、雀巢、維珍航空（Virgin）、威士國際組織（Visa），甚至樂高（但我猜樂高近期大概不會再找我了，因為我有一次在他們位於丹麥比隆總公司的「白房」為產品研發團隊舉辦工作坊，不小心用擦不掉的麥克筆寫滿他們的白板牆）。

我說這些不只是要吹噓（雖然說真的，上面這一段也稱不上謙遜），而是要表示我一直是個很能把持自己的人。

然而，在我三十幾歲時，我的工作習慣開始退化。

我的公司正在經歷快速成長的緊張階段，因此我的壓力很大。但是，當公司需要我保持在策略思考的巔峰時，我的工作生活卻完全變成是在處理電子郵件；每當我「卡關」（每分鐘就會發生一次），我就會檢查收件匣。我不斷被各種通知聲和團隊成員打斷，試圖在全職工作和母親角色之間取得平衡。在工作上缺乏成就感讓我連我自己的目標是什麼都忘了。對了，我還常常放空滑社群媒體。

所以，身為一個資歷豐富的心理學書呆子，我決定要從學術期刊尋求幫助。我開始製作播客節目《我是如何工作》之後，很快就對生產力的科學充滿興趣。我帶著Inventium的新產品研發團隊構思企畫，協助客戶成功對抗令人分心的數位產物，並教導他們的員工如何進行深層專注的工作。生產力變成我的人生；我不斷實驗更好的工作方式和讓工作變得更有成就感的方法。

我比過去的任何時候都更需要這些策略，因為在二〇一九年的八月，我和丈夫（也就是我女兒法蘭琪的爸爸）分開了。我從每天見到女兒，變成只有一半的時間可以見到她，還得適應單親生活，更別說要應付兩百五十天以上的居家隔離時期，並完全改變公司的方針以撐過全球疫情，這些都讓我的人生變得艱難。

在二〇二〇年年中，我跟我的執行長決定試驗週休三日——員工可以拿到全職的薪水，但是要在四個工時不變的工作天內把工作完成。我們全都需要改變工作的方式，而我們也確實做到了。在六個月的實驗裡，生產力提升了百分之二十六，於是我們把週休三日固定下來。

除了生活上的各種混亂，我還得試著在四天內完成全職工作，因此善用時間變成我的超能力。從我在《我是如何工作》的來賓身上發現的訣竅和支持這些策略的科學研究中，我知道善用時間也能輕易變成你的超能力。

在《我是如何工作》節目中訪問的專家身上學到的策略大致可分成七類。這本書從**優先順序**開始講起；你會學到世界上最優秀的人如何決定自己的目標是什麼，以及什麼應該答應、什麼應該拒絕。接著，我們會談到**架構**，檢視他們如何積極安排他們的每一天、每一週、每個月和每一年。在**效率**這個章節，你會學到很多驚奇新穎的省時妙招。

接下來是**專注**，你會看見完成最多事的人如何不被數位事物分心，專注在重要的事情上。接著，我們會談到**反思**，看看我的來賓如何克服負面的自言自語和冒牌者症候群。

在**連結**這個章節，我會引導你建立堅強的人脈網絡，並把認識新朋友和建立連結變得容易。最後，我們會聊聊**精力**，檢視我的來賓使用了哪些不同的策略，在工作生活中注入更多喜悅、感恩與活力。

你可以從頭到尾讀完這本書，也可以從讓你最有共鳴的章節（那可能是你覺得你最需要幫助的部分）開始看起。你也會發現，各個章節其實是互補的，例如架構的章節會讓你思考你的優先順序（即第一章所涵蓋的範圍），而透過專注的章節學習如何減少分心的狀況，可以幫你更有效率地應用其他所有章節提到的策略。

一次挑選一兩個策略，認真實驗一兩個星期，直到這些策略變成習慣，或者你想換個新策略為止。

跟世界上最優秀的人一樣，把這本書當作主導你工作天的個人指南。這麼做會有一個正面的副作用，那就是你的私人生活也會獲得好處，因為你可以花更多時間和精力在你所愛的人和你最喜歡的休閒活動上。

好了，閒聊夠了，現在就一起來善用時間吧。

第一章

優先順序

決定什麼才是最重要的

你正野心勃勃地要開始新的工作天。你有一個大型簡報要準備，所以你開啟了PowerPoint（幻燈片軟體）。過沒幾分鐘，電話響了，是你的上司。她有一個急迫的要求（對她來說，找到一張搞笑不失禮又切合主題的網路圖片，好用來放在明年某個時候要寄給所有團隊成員的電子郵件，就算是急迫的要求）。

你撇開對上司的負面想法，掛掉電話，準備處理她的要求。但是，你接著又想：「我最好快速檢查一下收件匣，看看有沒有什麼真正急迫的事情在等我。」當然有！收件匣的每一封信都帶有某種假冒的急迫感。

你迷失在收件匣裡，然後突然想起上司要你完成的任務，於是你回頭處理。但是接著，你的一天又被一場雲端視訊會議打斷——然後還有下一場，以及下一場。不知不覺，下午三點了；你的大型簡報完全沒有進展。

如果你覺得這聽起來很耳熟，你並不孤單。很多人的一天都是不斷在做出反應，然而最瘋狂的地方是，我們大部分人都沒有意識到這點，因為我們從來不曾停下來，讓自己從寵物鼠的跑輪上下來。

現在，你該從寵物鼠的跑輪上下來了，停止做出反應；現在，你該專注在真正重要的事物。

首先，我們會先把格局放大，深入認識設定目標這件事，還有設定目標為何不見得有用。沒錯，SMART原則其實沒這麼聰明。接著，我們會花一點時間談談決策；你會學到怎麼做出更好的決策，也會學到一些策略，讓你更容易決定應該答應或拒絕某個要求或邀約。

你會學到主動決定把注意力放在哪些工作上的方法。我們會談到一些簡單的訣竅，讓你避免接受一些真的應該婉拒的機會（即使你跟我一樣喜歡討好別人）；我們甚至會提供一個方法，讓你重新調整會議的優先順序，脫離視訊通話地獄。

有了這些策略，你很快就能夠整頓你的每一天、每一週和每一個月，也終於有時間轉一轉寵物鼠的跑輪。

設定目標出了問題，我來告訴你該如何修正

想要成功，就必須設定目標，然後努力朝目標邁進，對吧？所有的勵志大師都是

這樣說，大部分的主管也都會認同。設定符合SMART原則的目標——明確（Specific）、可衡量（Measurable）、可達成（Achievable）、相關（Relevant）且有時限（Time-bound），然後就去追求吧！

然而紐約大學史登商學院的行銷學教授、同時出版過暢銷書的亞當·奧特（Adam Alter）並不同意。他承認雖然目標有時候確實是很有幫助的指標，能夠告訴你該往哪個方向走，但他認為設定目標這個概念是有瑕疵的。

奧特說：「在我看來，設定目標的概念出了一點問題。目標基本上就表示，你在到達目標之前，必然都是失敗的；即使正朝著目標前進，你還是處於失敗的狀態，直到達成目標才算成功。可是，人類不會安於已經得到的榮耀，這表示在我們實現一個目標之後，也無法得到多少喜悅。」

奧特說，無論大小目標都是如此；朝著一個目標邁進時，我們感覺自己是個廢物，因為在到達目標之前，我們永遠處於失敗的狀態。接著，等我們實現目標了，感受到的成就感也不會持久，因為我們會怎麼樣？馬上設定新的目標！於是，我們馬上又回到失敗的狀態。設定目標成了一個反覆失敗、成功、失敗、成功的過程，**直到永遠**。

知道自己想要完成什麼、想要走哪一個方向當然很有幫助，但是設定目標可能不是帶你到達目標最好的方法。奧特每個月都會坐下來，花幾個小時思考他打算走的方向以及要如何分配資源和心力。

但他不會設定目標。取而代之，他只會設定系統。

「例如，我不會說：『我的目標是寫十萬字。』我會把這句話重新包裝成：『我的系統就是每天早上花一個小時寫五百字。』這最終會累積到十萬字，但是我不會用這種方式去想這件事。你要把這件事想成一套系統；這就是我實現那個最終狀態的系統。」

如果一套系統容易達成，就會變成一個自我強化的過程——你每天都能做得到，並看見明顯的進展。系統給人的成就感更多，而正因如此，奧特說人們若使用系統而非目標，會感覺更有動力。[5] 動力增加，做事的品質也會提升。

以撰寫他的下一本著作為例（奧特已經出版兩本《紐約時報》暢銷書：《欲罷不能》〔*Irresistible*〕和《粉紅色牢房效應》〔*Drunk Tank Pink*〕），他說他會告訴自己希望能在二十四個月之內寫完，而這一般會被視為一個目標。不過，奧特接著會問自己：「我要在什麼時候之前寫多少字？我要什麼時候寫作？想到達目標，我的系統是什麼？」

所以，奧特並沒有設定一個非常通泛的長遠目標，而是把它變成每天都會做的日常活動之一。隨著時間過去，這套系統就會產出他所設定的結果。他是不可能失敗的。

蓋瑞．拉瑟姆（Gary Latham）和崔佛．布朗（Travor Brown）兩位教授便曾經在一百二十五位剛開始攻讀MBA（商管碩士）的學生身上，研究使用系統和設定目標所帶來的不同成效。[6]其中一組學生被要求把焦點放在可以提高學習成效的策略，另一組則必須設定他們在接下來一年希望實現的目標，像是他們想得到的分數，這又稱作遠期目標（我暗自懷疑，目標設定組的那些學生肯定覺得自己很幸運，畢竟他們可是商管碩士的學生）。

結果顯示，幸運的不是他們。研究者發現，有些諷刺的是，專注於提高學習成效系統的那些學生，得到的分數比設定目標拿到高分的學生還高。

那麼，為什麼人們明確制定一套系統，而不設定他們想要得到的分數，反而表現得比較好？假設你的策略或系統是每天晚上讀書兩小時好了，到了晚上，這個策略感覺十分容易達成，因為你只需要短短兩個小時就能做到。這感覺相當可行，而感覺辦得到的事物也讓人很有動力、很有精神。可是，如果你把目標設定成在學期末拿到高分，感覺就很遙遠，讓人少了許多動力和鼓勵。

實際演練

1. 想出一件你想完成的大事，例如像奧特那樣寫一本書、跑馬拉松、成功搞定工作上一場重要的簡報會議，或者是做出《廚神當道》（*MasterChef*）澳洲版第一季阿德里亞諾．祖博（Adriano Zumbo）主廚的完美泡芙塔（如果是這樣的話，麻煩你在達成這個任務時邀請我共進晚餐）。
2. 設計一套讓你可以達成這個最終狀態的系統，最好是每天都能進行的活動，或至少要定期去做，才能創造固定規律。你可以設定每天要跑幾公里，在馬拉松比賽之前漸漸增加公里數；或者，你可以在重要會議來臨前，每天早上花三十分鐘的時間排練報告。
3. 中途要檢視一下進度，確保這套系統可以在你所設定的時間之內帶你抵達最終狀態。

幫助我們不再身心俱疲的心理捷徑

華頓商學院教授兼組織心理學專家亞當．格蘭特是個出了名喜歡施予的人，他甚至還寫了《給予：華頓商學院最啟發人心的一堂課》（*Give and Take*）來探討施予的好處。可是，格蘭特這麼有名氣，收到的請求自然比他有辦法答應的還多。所以，自詡為給予者的他要怎麼決定何時該答應、何時該拒絕？

格蘭特告訴我：「我以前總是盡量對所有人、所有事說『好』。但是我發現，當我在象牙塔之外的名氣變得越來越高、我變得越來越忙碌時，那根本是不可能的。我一天根本沒有這麼多時間可以滿足所有出現的請求。」

於是格蘭特想出一套捷思法——這或許並不叫人意外，因為我們心理學家很喜歡捷思法。所謂的捷思法，是指一套可以讓我們更快做出決定和解決問題的心理捷徑。格蘭特的捷思法反映了他在《給予》的研究階段所做的研究，也就是成功的給予者和失敗的給予者之間的差異。他發現，成功的給予者在慷慨之餘還能有生產力，失敗的給予者則太過無私，不幸遇到索取者的話會累壞自己。

要慷慨又有生產力，格蘭特首先會思考他選擇幫助的人。「對我而言，我想幫助的人有階層之分。家人位於最高層，第二是學生，第三是同事，其他人則排第四。有一次，我發現朋友不在上面，我感到很愧疚。但是後來我想通了，我維繫友情的目標不是為了幫助對方，而是當他的朋友。」

第二，格蘭特知道他不會對所有人都同樣慷慨。他的同事可能不像他的學生那樣覺得他非常慷慨，但是他願意接受這一點。「我成為教授不是為了啟發其他教授。我成為教授是因為我想要為學生帶來影響，就像我也曾經受到很棒的老師影響一樣。我希望把這份影響傳下去。」

格蘭特也會思考幫助人的方式和時機。他解釋：「這基本上的意思是：『我想在我能夠帶來獨特的價值，且不會減損我把自己的工作完成所需要的精力或能力時，再來提供幫助。』」

為了釐清這一點，格蘭特檢視了他答應幫助別人的各種方式，試著找出他很享受也很擅長的那些例子。「假如別人請我幫忙的領域是我覺得自己無法做出獨特貢獻的，或者會讓我非常累，那我就知道我能發揮的影響力會越來越少。」

格蘭特最後瞄準了兩個特性。第一個是分享知識：「有一種信件幾乎可以說是我最喜歡收到的，那就是某個人聯繫我，說：『我有一個跟工作心理學有關的問題。有沒有人研究過「○○○」？』我會想：『有的，我可以把我從學術期刊蒐集到的所有深奧資訊，分享給某個可能對這件事感到好奇，或可以用某種方式應用這些知識的人。』」

格蘭特認為，另一個他能提供獨特協助的方式是引薦對雙方都有利的人脈。「因為我的工作類型，我得以接觸很多不同的產業和不同類型的人。替兩個可以互相幫助或者可以一起創造很有意義的事物的人接線，真的很有意思。」

「我現在只專注在這些請求上，因此如果有人跑來找我，但他的請求不屬於這其中一類，我就會讓他們知道，他們的請求不是我擅長的，但是如果我可以透過分享知識或進行引薦的方式提供幫助，那麼我會相當樂意。」

在播客節目《我是如何工作》第一次訪問格蘭特的幾週之後，我親自見證他實踐這個程序。他在華頓商學院的好夥伴瑞伯・瑞伯爾（Reb Rebele）準備搬到我所居住的城市墨爾本。格蘭特為瑞伯寫了一封長達四頁的專業推薦信（沒錯，四頁！單行間距！），然後寄給我，問我他能不能替我們接線。我回信告訴他，請馬上介紹我們認識，越快越好。過了兩年多，我現在每隔幾個月還是會跟瑞伯聯繫，每次聊完近況後總是感到豐盛富裕、充滿啟發。當然，也很感恩格蘭特實踐了他所推廣的原則。

實際演練

1. 思索你的價值觀，想想你幫助哪一個族群或類型的人最有意義，像是朋友、家人、同事、客戶、子女、伴侶、寵物鼠或其他族群。排出四或五個最重要的族群，決定好要幫助的人的優先順序。
2. 想想你可以為哪一些類型的請求提供獨特的幫助，以及實現哪一些類型的請求會讓你獲得最多喜悅。

3. 運用這些新的覺察建立捷思法（即行為法則），協助你快速有效率地決定應該答應哪些會佔用你時間的請求。

你需要私人董事會

現在是星期五下午，你必須在週末做出一個重大的決定。有一間競爭公司想要給你一份工作，而當你告訴上司這件事，她說她會給你加薪百分之二十，希望你留下來。非常吸引人……你必須在星期一前做出決定。

你很掙扎。你對上司有忠誠心，因此更難抉擇；你想過跟朋友或家人討論，但是要他們客觀很難。因此，你現在真正需要的是私人董事會——這個概念是哥倫比亞大學的教授麗塔．麥格拉斯（Rita McGrath）告訴我的。

麗塔向我解釋：「在思考大格局的議題時，我認為有私人董事會很有幫助。這些人的意見是你很尊重的，你可以跟他們分享你的想法，進而得到回饋。」

麥格拉斯把這個概念比喻成傳統的董事會。「運作良好的董事會所思考的是企業的長久福祉。當他們認為某件事被忽視或省略時，他們會點出來；他們會為組織的事業貢獻自己的經驗與智慧。我認為，私人董事會也差不多。」

對麥格拉斯來說，她的董事會是她可以獲取回饋、可以引薦她認識擁有寶貴觀點或專長的人，或是可以運用她沒有的資源的一群人。「這是比一般的人脈關係還要緊密許多的關係，他們說的話真的會造成實質的改變。」

我想像麥格拉斯每個月召集她的私人董事會一次，他們相約在高級辦公大樓的頂層，坐在大桌子周圍開好幾個小時的會，還有助理會送上燕麥拿鐵。但是，麥格拉斯告訴我，私人董事會的運作方式不是那樣。她通常一年只聯繫她的私人董事會幾次，當她要做出重大決定、想要完全客觀的意見時，就會找上他們。

跟一間公司的董事會不一樣，麥格拉斯從來沒有把這段關係變得正式。事實上，她的私人董事會甚至不知道自己是成員之一。不過，她也承認情況不見得要如此。重點是謹慎考慮讓誰加入你的董事會，並在職涯的關鍵時刻依靠他們。

實際演練

1. 想想接下來這一年（或這幾年）你可能遇到的重大職涯決定。這些決定可能是換工作、換領域、展開閃亮亮的新企畫、開啟新事業或投資鴯鶓牧場。
2. 想想有誰可以為你帶來充滿洞見、具有幫助的觀點，跟你的觀點不一樣。

你應該追求認知多元化，尋找思維跟你不同、擁有各種經驗和專長的人；這樣你就可以針對不同類型的建議有策略地選擇顧問。不過，別找上鴯鶓牧場主人，因為他們大概不會以你的利益為主。

3. 你可以把這段關係變得正式，明確說出你希望多久聯繫他們一次，以及你期待他們如何投入時間。你甚至可以用某種方式獎勵你的董事會成員。或者，你也可以維持不正式的關係，甚至不跟他們說他們是你的董事會成員。

決策過程中大多數人漏掉的重要步驟

試著回想你上次要做出重大決定的時候。你要決定的可能是要不要換工作，可能是要把小孩送去哪一所學校，可能是該不該跟伴侶同居，或者是要不要離婚然後飛到火星（雖然我猜你應該不是亞馬遜創辦人傑夫．貝佐斯〔Jeff Bezos〕）。你當時是怎麼做出決定的？

艾蜜莉．奧斯特（Emily Oster）是布朗大學的經濟學教授，她的父母是經濟學家，而她後來也嫁給一個經濟學家。我偷偷想像她的家庭聚會有很多令人興奮的圖表，和跟統計顯著性有關的討論（那可是我對天堂的定義）。

所以，或許不叫人意外的是，每當奧斯特要做出生命中的重大決定時，她都會使用一個稱作「4F」的框架。

第一個F是確定問題（Frame the Question）：奧斯特解釋，「這個步驟看似很明顯，但是很多人不擅長。」在遇到像是該不該找新工作的這種決定時，大部分人只會問：「我應該換工作，還是不應該？」但這種問法有一個很大的問題，那就是你不知道其他選項是什麼。

「確定問題時要列出兩個明確的選項，而不是在『做一件具體的事』（例如待在原本的工作）和『做別的事』之間選擇：所謂別的事其實是想像出來的，像是換到一個你根本不知道是什麼的工作。」

第二個F是尋找事實（Fact Finding）：要做出任何決定，你需要數據和資訊。奧斯特花很多時間蒐集數據，讓自己有證據可以用來選出她正在權衡的其中一個選項。

第三個步驟是最終決定（Final Decision），這跟第一步一樣聽起來好像很明顯（畢竟我們在談論決策框架啊），實際上卻時常受到不必要的耽誤。心理學家發現，做決定時不限制時間，其實會損害而非改善我們對結果的滿意度。[7]

「我覺得我們常常讓重大的決定不斷滲透、滲透，在這裡想一下，在那裡也想一下，洗澡時也想，然後跟伴侶討論。」為了避免落入分析癱瘓的陷阱，甚至在極端的情況下完全沒有做出決定，奧斯特會訂一個做出決定的開會時間（雖然與會者只有她自己一人）。

最後一個F是後續追蹤（Follow Up）。「對於重大的決定，我們常會這麼想：『我要做出決定，然後就是這樣。』這個決定就永遠是那樣。當然，有某些決定確實是如此，但是也有很多決定不會持續到永遠。你或許在其他時候會有機會修改這個決定；我們有時候沒有善用這點。」因此，奧斯特會安排時間檢視自己的決定，思索這些決定進行得如何。

刻意反思已經做出的決定，可以讓我們修正路線甚至棄船，而不是開啟自動駕駛模式一直往前駛。我自己喜歡把最後這個階段想成地上的一條細線，絆到我的時候讓我檢視過去的決定，尋找改進、重複或放棄的機會。

利用奧斯特的框架，決策（特別是針對重大的決定）可以從一個你很害怕或想逃避的過程，轉變為讓你感覺充滿力量的過程。也別忘了它所帶來最大的好處——更好的決定。

實際演練

1. 下次要做出重大決定時，首先請確定問題，確定你至少有兩個具體的選項可以選。
2. 尋找事實，找出可以幫助你做出明智決定的數據或資訊。
3. 做出最終決定，排定跟自己（以及任何跟這個決定有關的人）開會的時間來做出決定。
4. 後續追蹤決定，排定時間檢視與思索你是否需要改變原本的決定。

問對問題讓你做出更好的決定

幸福大師兼暢銷作家葛瑞琴．魯賓（Gretchen Rubin）超喜歡列優缺點清單，但是她漸漸發現，對很多決定來說，優缺點清單其實沒有幫助。當優缺點十分均衡，或者兩個可行的選項差異實在太大（就像在比較蘋果和柳丁）時更是如此；比如當你不曉得你的新嗜好是要養一隻哈巴狗，還是從事毛線轟炸的時候（毛線轟炸聽起來很可怕，但其實是一種平靜的藝術活動。如果你不知道我在講什麼，請自己上網查）。

魯賓發現，好決定和壞決定之間的差異往往很簡單，跟我們為了做決定所問自己的問題有關；因此，她想了好幾個問題來協助她做出更好的決定。

魯賓問自己的第一個問題是，哪一個選項會帶來她所謂的「更大的人生」。這跟她的核心價值之一有關，那就是選擇更大的人生。魯賓在決定要不要養一隻寵物狗時，便應用了這一點（毛線轟炸不在她的考量範圍內）。

「對某些人來說，不養狗的人生是更大的人生，因為他們可以自由旅行，並有更多可支配收入。但是我知道，對我的家庭而言，養狗才是更大的人生，所以我們養了一隻狗，也很愛我們的狗。」

魯賓也會問自己：「這會讓我更快樂嗎？」她解釋：「任何能深化或拓寬關係的事物都很有可能會帶來快樂的回報；任何能夠幫助我學習或成長的東西，都對快樂非常重要。」

魯賓問的第三個問題，跟她父親所給的建議有關。她會問自己：「我會享受這個過程嗎？」「我們有時候會決定做一件當下真的很不想做的事，我們會忍受所有的不開心很多年，因為認為將來一定會有很大的回報。」

拿魯賓為例，她在十多年前決定變成全職作家之前的職業是律師。她不喜歡當律師，而根據美國律師協會的統計，她其實是個正常人——有百分之四十四的律師不建議年輕人追求法律生涯。[8]

她大可忍受律師這份工作，因為只要忍個幾年，她很可能就可以跟某間公司合夥。對她數百萬名讀者來說很幸運的是，她沒有這麼做。不過魯賓也曾發現，有些人寫書是希望寫出一本暢銷書，但是其實很討厭寫作的過程。

「沒有享受過程的問題在於，很多時候，事情並不會如我們的願。我們無法控制**結果**，但是我們可以控制**過程**。」

魯賓憶起撰寫《觀看甘迺迪的四十種方式》（*Forty Ways to Look at JFK*）這本書的經歷：「它很失敗，沒有贏得讀者的心。可是，我很喜歡寫那本書，所以雖然我很難過它沒有找到愛它的讀者，但我並不後悔，因為我非常享受過程。」

魯賓做決定時會問的最後一個問題，就是這是為了她幻想的自己還是真正的自己所做的。「我做這件事是因為我想要成為那樣的人嗎？那對我來說是個很大的警訊。」

例如，魯賓的核心價值之一是「做葛瑞琴」（Be Gretchen），也就是接受她最真實的樣貌，不要裝成別的樣子。魯賓舉了一個例子：決定要不要因為棉麻酒會餐巾正在大特價就購買；對魯賓而言，棉麻酒會餐巾真的不適合她。不過說真的，棉麻酒會餐巾到底適合誰？

實際演練

1. 判斷你的核心價值，也就是對你而言過著充實的人生最重要的事物。
2. 把這些價值轉變成問題，幫助你進行決策。例如，假如過著快樂的人生對你來說很重要，就借用魯賓的技巧，問自己：「哪一個選項能讓我更快樂？」
3. 除了思考價值觀，也一定要問自己：「我會享受這個過程嗎？」盡量不要選擇只因為最後可能有重大回報才吸引你的那個選項。如此就算沒有抵達目的地，只要你享受過程，失望感就會小很多。

輕鬆做出更有道德的決定

提起銀行時，「道德」恐怕不是你第一個會想到的東西。可是，澳洲聯邦銀行的前任非執行董事溫蒂．史塔普斯（Wendy Stops）卻經常思考道德，甚至研發了一個道德測驗。

史塔普斯在我的播客節目上解釋：「做生意時，你很容易陷入遵守某個程序或政策之類的狀態。」因此決策時，你很容易開啟自動駕駛模式。

史塔普斯做決定時，會採用這間銀行所說的「應不應該」測驗——她對這項測驗很有共鳴。這項測驗要你設身處地思考客戶的立場、處境和環境，然後問自己：「這對他們真的是好的嗎？」

史塔普斯以是否核准房貸申請為例：「就算客戶在技術上是能通過審核的，你這邊可以替他打勾，但是你還是必須問：『這樣好嗎？』」換句話說，即使銀行可以這麼做，也不表示他們**應該**這麼做。

史塔普斯解釋：「這聽起來比做起來容易多了，因為如果你問客戶，你可能會得到不同的觀點。他們可能說：『我真的很想要這筆貸款，拜託讓我貸。』」但進行「應不應該」測驗時，答案可能是「不應該」，因為客戶很明顯會難以償還貸款。「應不應該」測驗會讓人跳脫政策或程序的機制進行思考。人們需要退一步、停下來，權衡這麼做是否真的正確。

對我來說，「應不應該」測驗不只適用於跟客戶有關的決定，也適用於公司內部的員工。COVID在二〇二〇年三月來襲時，我的顧問公司Inventium受到很大的影響。我們本來有一大堆工作可做，這下變成每一件工作都被取消或延遲，因此我們必須裁減四名員工——這對所有人來說都很心痛。

雖然還是有一些法律要求得履行，但是應用「應不應該」測驗讓整件事變得更有人性。除了最基本的流程，我和我的執行長也思考我們還應該做些什麼。我們花了好幾個小時思索要如何讓整個過程對每個人來說不那麼糟。我們檢視了所有聯絡人，打電話給那些可能正在求才的人，希望他們提供工作給我們這四位很有天分的團隊成員。在線上聚會還沒有很流行時，我們曾花了很多時間思考要不要辦一場線上的團隊道別派對（我們最後決定一對一的談話更有意義）。雖然裁員永遠不可能令人喜悅，但我認為我們透過重塑局面和自己採取的行動，讓這件事對那四名團隊成員而言變得比較可以忍受一點。

實際演練

1. 下次需要做出跟客戶、員工或任何人有關的決定時，請避免毫不思索地遵循程序和政策。雖然很多時候你只要照規矩走就能做出決定，但是請抗拒盲目遵行的誘惑。退一步，問自己「應不應該」這麼做。
2. 如果答案是「不應該」，就問自己應該怎麼做。

讓你不自量力的冰山一角

幾年前，有人請我到澳洲某間知名商學院擔任評鑑ＭＢＡ課程的委員會成員。我問了一些含糊的問題，像是會需要花多少時間，但其實我總是會答應這種事。我不但因為可以幫助大學生在商界蓬勃發展而感到熱血，也因為我管理的公司 Inventium 曾經為了顧問職缺面試過這所學校的許多ＭＢＡ學生。因此，我對於這所學校的ＭＢＡ課程可以如何協助研究生為真實世界做好準備，有很明確的看法。

因此，我接受了邀請。然而，在一間陰暗、灰色、無窗的大學會議室第一次開完四小時痛苦無比的晚間會議後，我馬上就後悔了。

約翰．澤拉斯基（John Zeratsky）說我的問題出在所謂的「冰山一角」原理；他是種子創投公司 Character 的創立者和普通合夥人之一、暢銷書《Google 創投認證！SPRINT 衝刺計畫》（*Sprint*）和《生時間》（*Make Time*）的作者，以及創投的前設計夥伴。澤拉斯基解釋：「我們在決定要不要做某件事情——如一個企畫、工作、志工機會等——時，通常會把焦點放在看得見、令人興奮的部分。換句話說，我們會把焦點放在水面之上閃閃發亮的冰山一角。」

然而，他指出，絕大部分需要付出時間的東西（也就是冰山的主體）都藏在水面之下。遺憾的是，要想實現閃閃發亮、令人興奮的那個部分，我們就得完成其他事情——像是在令人窒息的大學會議室開四小時的晚間會議。

在接受許多看似令人興奮的機會之後，澤拉斯基決定改變他的決策過程。現在，每當有人想要借用他的時間或是提供機會給他，他會思考整座冰山，而不只有漂浮在表面上那令人興奮的一角。他也會考量這件事會佔用他工作時程表的多少時間。「比方說，當我同意發表一場演講，我也要安排時間準備演講。這會讓人比較難答應，但那其實是件好事。」

澤拉斯基指出，反向操作也有好處，也就是當他拒絕別人時會產生的感受。「當我拒絕別人時，我想的是我拒絕的那一整座冰山，而不只是那個事件、會議或職位本身。我可以好好享受不必去做那些工作的感覺。」

澤拉斯基的方法克服了一種稱作「規畫謬誤」（planning fallacy）的心理偏見——由紐約大學史登商學院的賈斯汀．克魯格教授（Justin Kruger）率領的研究發現，人們常低估自己完成一件事所需要的時間，而且他們不只低估一點點，而是低估很多。[9] 克魯格的研究發現，人們認為三個星期就能完成的任務實際上需要一整個月；人們預期只要八天就能完成的任務，實際上要花十四天——比他們預估的時間多了超過一半。[10]

然而，克魯格發現，如果要人們思考一項任務的所有層面，誤差就會縮小。因此，在決策過程中應用冰山一角原理，拆解一項計畫的所有組成活動，你就能更精準地預估所需要的時間，獲得相關資訊，再決定要不要接受邀請。

至於我，在經過許多冗長的會議之後，決定退出那個ＭＢＡ評鑑委員會。假如我當初有思考整座冰山，坦率承認自己痛恨長達數小時的會議，最初的決定肯定會不一樣。

實際演練

1. 下次有人請你貢獻時間做某件事或給你一個機會時，想想實現閃亮亮的「冰山一角」所需要付出的所有時間和努力。如果你不確定會花多久時間或確切的責任有哪些，一定要問！
2. 列出所有事項，估計每一件事大約會花多久時間。
3. 檢視完冰山一角底下的一切之後，你現在更有辦法決定是否接受那個機會。

這個簡單的問題可以讓你永遠不再後悔自己的決定

當有人叫我們在遙遠的某一天做一件事情時，我們可能很容易就會答應。我知道我自己就是這樣，如果有人請我做一件事，例如在四、五個月後發表一場演講，我會想：「聽起來很好玩！我的行事曆是空的！好啊！」可是，有一件事一定會發生，那就是活動靠近時，我的行事曆看起來竟然沒那麼空了，於是我開始後悔這個決定。

如果你跟我一樣喜歡討好別人、很難拒絕他人，那麼有人要你在遙遠的未來做某件事情時，最容易的做法就是答應。佛洛伊德（Sigmund Freud）把這種衝動稱作快樂原則——人類傾向尋求快樂、避免痛苦。[11]很可惜，這種傾向雖然會帶來短暫的快樂（我們能夠答應別人、討好拜託我們的人），卻可能導致長期的痛苦（我們必須遵守自己可能並不想做的承諾）。

身為運動員和全方面啟發大師（all-round motivational guru）的圖莉亞・皮特（Turia Pitt）發現自己常落入這種圈套。經常有人請她演講，但是這些演講往往安排在很久之後。「我心想：『噢！還有六個月，隨便啦，一定沒事的。』但是演講越來越靠近時，我又想：『天啊！我為什麼要答應？』當我答應太多事情，我最後會變得非常悲慘、充滿怨念，沒有時間可以去跑步或跟家人相處等等。」

現在，皮特不會落入低估自己未來有多忙碌的圈套，或是逃避拒絕他人的短暫痛苦，而是會在回覆之前問自己一個問題：「我問自己：『如果這個機會或活動是發生在下個星期二，我會有什麼感覺？我會覺得真是太好了！我等不及了，還是我會很害怕？』」

皮特停下來問這個問題，等於在克服人類決策方式天生具有的重大缺陷：很久之後的活動感覺比近期發生的活動還要吸引人、令人興奮許多。

在《性格與社會心理學期刊》（*Journal of Personality and Social Psychology*）上刊登的一篇研究中，受試者必須評估各種活動和計畫，諸如政府政策或實行考試的創意方式等。[12]研究人員發現，排在很久以後的活動比排在近期的活動更容易令人接受。

當事件和計畫馬上就要發生時，我們比較會察覺到潛在的問題，但事情如果在遙遠的未來，我們則比較不擔心。

問自己「下星期二」的問題，皮特便可以把焦點放在她對某個機會真正的感受。利用下星期二原則，我們就不會像皮特這種幹勁十足的人那樣，很容易無差別答應所有的機會（並低估潛在的缺點）。

實際演練

1. 下次有人請你在很久以後做一件事或實現一個機會，請抗拒馬上回答的衝動。
2. 問自己這個問題：「如果這個機會是發生在下個星期二，我會有什麼感覺？」
3. 只要答案不是「幹勁十足！」就拒絕。拒絕別人雖然很難，但是這可以避免你長久下來對這個機會感到痛苦和不滿。

決定應該參加哪些會議

「真希望我有更多會議可開。」從來沒有人會這樣說。對一般工作者來說，會議是他們的剋星，也是人們為什麼常常工作到晚上的原因，因為這是唯一可以逃離會議煉獄的時間。

很多研究證實，對會議的滿意度預測了我們對一份工作的整體滿意度。[13]其中一項研究發現，我們的工作滿意度有百分之十五以上取決於開會的滿意度；其他研究則顯示，會議滿意度是工作滿意度最大的預測因子。因此，好好利用開會佔用的時間真的很重要。我們能做的最有成效的其中一件事，就是決定答應參加哪些會議。

史考特・索南辛教授（Scott Sonenshein）花了很多時間思考會議，也參加過很多會議。索南辛約十五年前開始任教於德州休士頓萊斯大學的商學院，他還記得第一次參加教職員會議的經驗。

索南辛憶道：「讓我非常訝異的是，我們浪費很多時間坐在那裡想辦法補滿時間。我們排定一個半小時的會議，所以不管我們應該討論的議題多大或多小，我們總是至少要開滿一個半小時。」

很遺憾，他每年得忍受九次這種會議，雖然這些會議並沒有帶來任何價值，預設的行事曆上還是會出現。一年後有了新院長，他便詢問是否真的需要這些反覆出現的會議。一眨眼，一年九場會議就減少為三場。大家都很想念另外六場——開玩笑的，當然沒有。

研究顯示，很多會議是基於習慣而非需要而開。結果，人們抱怨行事曆有太多會議，很浪費時間。為了解決浪費時間的問題，索南辛設計了一套程序幫助大家清理自己的會議。他建議人們看看自己的行事曆，針對每一場會議問這三個問題：

一、這場會議對我的工作是必要的嗎？

二、這場會議會讓我更接近理想的工作生活嗎？

三、這場會議會帶給我喜悅嗎？

假如有一場會議沒有符合上述條件的至少一項，那你最好不要參加，因為這會浪費你的時間。

索南辛承認這說起來比做起來簡單。「人對開會這件事有錯失恐懼症。如果我們沒有出席，那就表示我們不重要或我們會錯過重要的決策。有些人錯誤地認為，參加最多會議的人最認真工作。」

我們必須放下會議錯失恐懼症，別再把自己的地位跟會議出席率畫上等號。會議應該只是完成工作、取得進展的一種方式。如果沒辦法在會議中完成工作，會議就不值得參加。開會時偷偷檢查電子信箱不能算是「工作」！

實際演練

1. 看看你的行事曆，把過去兩週參加的會議全部寫下來。你也可以列出接下來兩週要參加的會議。針對每一場會議，問自己以下這些問題：

a. 這場會議對我的工作是必要的嗎？例如，它提供的資訊是你無法透過閱讀得到的？它協助解決了某個問題？會議期間會做出重要決策？

b. 這場會議有讓我更接近理想的工作生活嗎？例如，你有從中得到什麼提升職涯或學習的東西嗎？

c. 這場會議有帶給我喜悅嗎？例如，你感覺跟同事更親近嗎？會議好玩嗎？

2. 把所有沒有符合上述條件至少一項的會議全部刪除，以便更有成效地安排時間的優先順序。如果你是主辦者，就把這些會議從行事曆上刪除，但別忘了解釋你為什麼要刪掉會議；如果你是與會者，就跟主辦者談談你參加會議的目的，根據規定做出任何必要的調整。如果你還是覺得這場會議與你無關，那就禮貌地拒絕參加。

3. 下載這個策略的簡易單頁範本：amantha.com/timewise

你需要追求工作與生活的「不」平衡

在職涯的某個階段（也或許每天都是這樣），你大概會感覺自己的工作和生活沒有取得平衡。你可能聽過公司的領導階層談論幫助人們取得平衡的策略，或者讀過某些文章，建議你如何達到那個難以企及的完美平衡生活。雖然，你也不知道那是什麼樣的生活。

全球職員互動專家馬克斯・巴金漢（Marcus Buckingham）認為，取得工作與生活的平衡這個概念本身有瑕疵。巴金漢表示：「工作與生活平衡這個概念的分類是錯的；工作是生活的一部分，就像家庭是生活的一部分、社群是生活的一部分那樣。而且並不是說生活很好、工作很不好，所以你必須靠生活的好來平衡工作的不好；那些都是錯誤的分類。我們在生活中擁有許多不同的面向，不管是工作、家庭或社群，有些面向我們很喜歡，有些面向我們很厭惡。」

巴金漢提議，與其試著平衡工作與生活，我們需要看看自己熱愛和痛恨做哪些事，然後我們要追求不平衡。沒錯，我們需要做跟所謂的專家說我們需要做的事情恰恰相反的行為。「我們應該不斷奮力朝更多我們熱愛和使我們活力充沛的活動邁進，遠離我們痛恨的活動。」

你可能會想，這講的就是那個千篇一律的職涯建議：「做你愛做的工作。」但在巴金漢眼裡，這是非常沒有幫助的建議。

巴金漢解釋：「『在你的工作當中找到你愛的東西』比較有幫助。妙佑診所

（Mayo Clinic）的數據告訴我們，如果你是一名醫生，工作上你熱愛的活動不到百分之二十，那麼這百分之二十只要少一個百分點，你身心俱疲的風險就會增加一個百分點。」

換句話說，做你愛做的事情跟身心俱疲之間有強烈的負面關聯；你越少從事你熱愛的活動，身心俱疲的風險越高。

反之，巴金漢說，把多出百分之二十很多的時間花在你熱愛的活動上，並不會讓身心俱疲的風險降低同樣多的百分點。「若花百分之二十五、三十五或甚至四十的工作時間做你愛做的事，你不會增加同等的韌性或減少同等的身心俱疲程度。所以，似乎只要含有一點點的愛，就能獲得很大的效果。」

巴金漢把這百分之二十稱作紅線活動，也就是使你振奮、充滿活力、會開開心心去做的事情。「做這些事情時，時間過得比較快，你也會很期待做這些事。留意我們真的很喜歡的活動是很重要的。」

為了在自己的生活中創造不平衡，並更好地安排時間的優先順序，巴金漢每個星期五都會反思剛結束的這個星期，問自己有哪些活動是他愛做的，哪些是他厭惡的。接著，他會試著規畫接下來的一星期，融入更多他熱愛的、更少他討厭的事物。

實際演練

1. 在每週的開始或結尾反思過去一星期，列出所有你喜歡的和你討厭的活動。
2. 針對你喜歡的活動制定能讓你多做一點這些活動的計畫。
3. 若是你討厭的活動，看看你能不能根據巴金漢建議的這四點減少這些活動：

- 你可以完全不做這些事嗎？如果你不再整理那份人們假裝有讀、實際上沒人讀的每月報告，說不定根本沒有人會發現。
- 你可以跟喜歡做你討厭的事的人組成團隊，請他們做那件事嗎？你或許也可以幫助他們，做他們討厭但你熱愛的事。
- 你可以運用自己的長處來降低你討厭這件事的程度嗎？比方說，巴金漢討厭跟人打交道，但是他很喜歡訪問人，所以他把社交活動和派對視為訪問別人的機會，而不是在跟人打交道。
- 你可以改變觀點、重塑你看待討厭的活動的方式嗎？例如，假設你必須辭掉一個人，但你很討厭這麼做，你能不能把這當成一個機會，讓對方脫離他做不來的工作，可以自由尋找他熱愛且擅長的事物？

如何在星期五下午善用時間

我們很容易在星期一早上花很多時間，回憶自己上個星期到底做了什麼。等到你終於想起上司聘用你來做什麼，並試圖不被收件匣淹沒之後，很可能已經過了一個小時或更久的時間。現在，眼前這瘋狂的一週讓你感到無力招架。或者，你可能因為自己剛剛浪費很多時間，只為確切掌握因暫時工作失憶症而從腦袋溜走的事情，所以感到很愧疚。一切感覺就像混亂的週一早晨。

蘿拉．范德康（Laura Vanderkam）是世界知名的時間管理專家，寫過好幾本備受讚譽的相關書籍。范德康每個星期五下午會挪二十分鐘的時間規畫下一週，以避免混亂的週一早晨。

范德康解釋：「我發現要在星期五下午展開任何新工作真的很難，但是我願意想想未來的我該做些什麼。花幾分鐘規畫，能夠把可能白白浪費的時間變成我那星期最有生產力的時候。」

范德康會檢視接下來的一週，列出簡短的優先順序清單，分成三類：職涯、人際關係和自我。她強迫自己列出這三大類，可以避免落入過於專注在工作上的陷阱——許多高成就者和A型性格的人很容易如此。如果你覺得為自我設定優先順序的概念聽起來很可笑，那可能表示你跟我一樣擁有A型人格。

「有時候，我的行事曆已經有安排我在這幾類想要完成的事情；有時候，我得主動把這幾類排進去。總之，我會把這些列出來，粗略判斷它們可以排在行事曆的哪裡。」接著，范德康進行安排協調，判斷行事曆上各種活動的重要程度，把不應該出現的東西移除。星期一早上來臨時，她便能毫不費力地展開新的一週。范德康沒有混亂的週一早晨。

在規模更小的層次上，她會在每天工作結束後，花幾分鐘的時間根據行事曆的活動和每週的優先順序清單寫下隔天的待辦事項。這份清單很短，可能只有五件事。「我絕對不會列出很長的清單，例如二十五個事項，因為把東西列在裡面最後又做不到沒有意義，對吧？那些事情只會變成『沒有完成』，跟從來沒列在清單上一樣，還讓我感覺很差。」但是，如果你剛好是可以從冗長的待辦清單獲得心靈平靜的人，就把那份清單跟只包含最重要事項的每日清單分開。

實際演練

1. 每個星期五下午挪出二十分鐘跟自己開會。三點或四點似乎較適合多數人，因為這是所謂的「不事生產時間」（我不曉得有誰最棒的工作是在星期五很晚完成的）。

2. 在一張紙上畫出三個欄，分別寫上這幾個標題：職涯（跟工作有關的東西）、人際關係（跟生命中最重要的人產生連結）、自我（跟照顧自己有關的事情）。

3. 每個類別至少要寫下一件你想在接下來的一週完成的重要事項。職涯方面，你可能希望某個重大的企畫有所進展；人際關係方面，你可能想要跟一陣子沒見面的朋友敘舊，或者計畫跟家人一起做某件特別的事情；自我方面，你可能想要挪出時間閱讀一本很棒的書的其中幾章、去按摩或到健身房練個幾回合（想把這個過程變得更簡單，你可以仿效第71頁奧利佛．柏克曼優先順序策略所使用的不開放清單）。

4. 打開行事曆，圈出你想完成這些活動的時間（也就是安排跟你自己的會議，又稱作時間卡位）。如果找不出時間，就看看接下來一週的行事曆有哪些事項可以移除或重新安排。

5. 每天結束工作前，花幾分鐘檢視你的每週優先順序清單，針對隔天想要完成的事情列出一份簡短待辦清單（不宜超過五個事項）。

幫助你擁有大格局的日常儀式

十幾年來，蓋瑞．梅里根（Gary Mehigan）一直是澳洲電視節目《廚神當道》的三位評審之一，為美味的佳餚給予評語（順帶一提，像我這樣的人要在家裡做出那些美食的機率是微乎其微）。然而，梅里根在成為家喻戶曉的人物之前，做的是經營餐廳的生意。

他經營餐廳的第一年，幾乎損失一切。他的身體沒辦法再工作更多的時數，但是工作這麼多個小時卻仍無法讓更多錢滾進來；他整天都在忙著救火，已經看不見大格局。於是，梅里根和商業夥伴決定尋求一位商業教練的幫助，逆轉這一切。

梅里根憶道：「這個教練所做的最棒的事情就是給我一頁簡單的表格，每天結束前都要填寫。那有點類似自我分析，可以為隔天的工作快速進行重置。這樣一來，每天晚上回到家，我就可以喝一杯茶，整理我的思緒。」

表格的前幾個問題要梅里根反思他的一天。今天發生什麼事？其他員工怎麼看他？他有沒有對任何事做出特別好或特別差的反應？梅里根解釋：「前幾個問題很容易回答，就像在寫日記。」

接下來的問題——明天必須完成什麼？——則把他的心思轉換到隔天，要他思考他必須完成的事以及做出改變的方式。「我會試著思索我能不能做一件跟我每天做的事不同且能帶來改變的事情。」

最後幾個問題要他想想員工，例如他可以多跟哪個人相處或者教導哪個人。這些問題強迫他思考自己在這幾個星期忽略了誰或跟誰相處的時間不夠多。

隔天早上，梅里根會迅速讀完這一頁總結，帶著明確的方向開始新的一天。他發現，認真完成這一頁問答最困難的地方是，這會暴露他的弱點。例如，他常常反思自己跟某些特定員工相處的時間不夠；當他發現自己一而再、再而三寫下同樣的人名時，隔天就會有動力跟他們聊聊。

比方說，他以前每天走進餐廳時都會看見咖啡師芭芭拉。有一天早上，多虧那一頁表格，他問她：「妳覺得妳今天會賣多少咖啡？」梅里根承認這對芭芭拉來說是很龐大的問題，因為她比較專注在製作咖啡這件事情，而非銷售。但是，當他跟她聊起這些目標，她的行為起了變化，芭芭拉的目標開始跟梅里根的目標吻合。

「當我懶得寫這份問卷時，我發現我的表現和方向感降低了，其他人的表現和方向感也跟著降低。」

雖然梅里根每天只要花十分鐘就能完成那一頁表格，但他發現這非常寶貴。因此，這也是他在協助任何新的經理善用時間時，最先傳授的工具之一。

實際演練

1. 一天結束前，花一些時間反省和重新聚焦。這應該只會花你十分鐘左右。
2. 想想有哪些問題最適合你。你可以像梅里根一樣把問題分成三類。

第一類要你反思你的一天：

- 今天發生什麼事？
- 其他員工怎麼看我？
- 我有沒有對任何事做出特別好或特別差的反應？

第二類要你把焦點放在隔天：

- 明天必須完成什麼？
- 明天我能做什麼跟我平常做的事不同且能帶來改變的事情？

第三類則聚焦在人身上：

- 我要跟誰聊聊或相處？
- 我要教導誰？

3. 隔天早上，迅速讀完你的總結，開始新的一天。
4. 每天重複這個儀式。

利用可能待辦清單完成更多事

好幾年來，我一直都有列兩份跟工作有關的待辦清單（我就是這麼愛待辦清單，所以一份還不夠）。其中一份條列的事項需要深度專注的腦袋，會花不少時間；另外一份列的是快速簡單的事項，不用什麼腦力。然而，第二份清單帶來的問題是，因為我不喜歡行政工作，所以這份清單總是越積越多（因為沒有每天消耗這份清單而產生的罪惡感也越積越多）。

曾經在Google創投任職、共同撰寫暢銷書《Google創投認證！SPRINT衝刺計畫》和《生時間》的約翰・澤拉斯基，在他的職涯中也會使用待辦清單，甚至還設計了幾款客製化的待辦清單應用程式。以前他會把事項加入待辦清單，然後直接照著清單把事情一件一件完成，因為既然某件事會出現在清單上，就表示它一定很重要。久而久之，他發現自己越來越專注在待辦清單上的小事情，沒有聚焦在真正重要的大格局事項。

於是，他想了一個把待辦清單概念化的新方法。

澤拉斯基告訴我：「針對不得不做的小事情，我會使用可能待辦清單追蹤。那不是待辦清單，而是我**可能**會做的事情的清單。這聽起來好像是很笨的區別，但對我來說卻是很重要的觀點轉移，因為當你把一件事情放進待辦清單，你除了是在記錄它也是在要求未來的自己完成它。」

可能待辦清單上面的事項給人可做可不做的感覺，正是這個策略有效的關鍵之一。人類偏好自己可以選擇、而非感覺被迫去做的活動。在《性格與社會心理學公報》（*Personality and Social Psychology Bulletin*）刊登的一篇研究中，受試者被要求想像自己跟友人一起到超市。[14]

受試者跟一位朋友配在一起，然後被告知要替另外一個人買六樣東西。研究人員告訴受試者，他們可以自己選購其中三樣東西（馬克杯、巧克力和筆），而他們的朋友則會挑選其餘三樣：小公仔、糖果和尺（這讓我感覺他是個小孩）。兩分鐘後，研究人員請受試者完成一個任務，透過巧妙的方式評估他們對這六樣東西的感受。研究人員發現，比起朋友選的東西，人們重視自己選的東西的可能性顯著較高，因為他們擁有選擇自由。

澤拉斯基發現，可能待辦清單的另一個好處是，它可以移除每日處理小事情的壓力。現在，他會找幾天替行政事務卡位時間，利用那些時候處理可能待辦清單的事項。

澤拉斯基解釋：「每隔一陣子，當我感覺小事情累積多了，我就會排一個行政日。」他不會害怕這種日子的到來，而是開始享受這些時候，因為這表示原先侵入每一天的非急迫事項可以一次解決。

實際演練

1. 創造一個稱作可能待辦清單的待辦清單。
2. 利用這份清單記錄所有容易讓你從最重要的事項中分心的非急迫行政事項。因為這叫做可能待辦清單，你可以享受做或不做這些事情的選擇自由。
3. 當你發現可能待辦清單上的事項越積越多，就卡位一些時間（可以只有幾小時或甚至一整天）大量處理，一次完成。

你需要為待辦清單設定限制

或許，你已經靠約翰．澤拉斯基的可能待辦清單（參見第68頁）整理好自己的待辦清單；如果還沒，你的待辦清單可能仍充斥著各種事項。或許，想到目前的待辦清單的狀態，你就因為裡面所有的條目而感到無力招架？如果你現在因為內心浮現待辦清單所帶來的罪惡感而打算放下這本書（你應該要工作，而不是看書！），你可能不知道究竟該從哪裡下手。

《衛報》（*Guardian*）專欄作家和暢銷書作者奧利佛．柏克曼（Oliver Burkeman）以前也常常經歷這種「對待辦清單的無力招架感」；他會看著他想完成的所有事情，卻不知道到底該如何把它們全部完成。直到他聽說了吉姆．本森（Jim Benson）的個人看板哲學。

柏克曼憶道：「這是我過去幾年來學到的一個改變人生的概念。這其中的基本概念是，不管在什麼時候，你都要把允許自己積極處理的任務數量設定得很少。」

柏克曼實際的做法是，他列出兩份待辦清單，其中一份是不限制數量的開放清單。「裡面放了你說你會做、想做或考慮要做的那三百件事。」

柏克曼的開放清單跟澤拉斯基的可能待辦清單概念類似，但他的策略不一樣的地方在於第二份清單：不開放清單。

「假設不開放清單有五個空位，就把開放清單的五個事項移到不開放清單。規則是，除非不開放清單的事項完成了一件、釋放出一個空位，否則就不能再把開放清單的事項挪到不開放清單。所以，你就認真處理那五個事項。完成一個，就把它刪除，然後因為不開放清單只剩四個事項，便可以添加一個新的進去。」

現在，回到你目前的待辦清單。假如你的清單上現在有一百萬個待辦事項，或只有十個好了，你可能老是在這些事項之間跳來跳去，毫無章法地運用自己的時間。每當一件事情變得有點棘手或嚇人，你就可以換別的事做。可惜，結果是任何事項你都永遠無法取得有意義的進展。不管你是CEO、忙碌的爸媽或學生，這都有可能發生。

柏克曼發現這個方法所帶來的影響其實比他想像的還要大。「這會讓你直接面對自己的侷限，因為你永遠只能一次處理幾件事。這個方法讓你意識到這點，幫你有智慧地決定你要處理哪些事。」沒錯，「優先事物」（priority）這個詞十五世紀首次成為英語單字時，其實是單數，表示我們一次只能夠（也應該）有一個優先事物而已。直到二十世紀，才開始有人使用這個詞的複數形式（priorities），但這其實不合邏輯，因為嚴格來說，我們不可能把很多事物都擺在第一位。

實際演練

1. 創造兩份待辦清單：開放清單和不開放清單。
2. 把目前所有的任務移到開放清單。
3. 決定不開放清單要有幾個活躍任務。柏克曼建議三到五個。
4. 從開放清單挑選最重要的任務，移到不開放清單填滿空缺。
5. 到不開放清單決定你現在想專注在哪一個事項上。
6. 完成一個不開放清單的任務後，就從開放清單再選一個移到不開放清單。
7. 最後，如果出現新的待辦事項，就放在開放清單上。記住，只有不開放清單釋出新的空缺時，才能把它們加進去。

優先順序

複習

❑設定系統，而非目標

想出一件你想完成的大事。設計一套讓你可以達成這個最終狀態的系統，最好是每天都能進行的活動（或至少要定期去做，才能創造固定規律）。

❑創造決策捷思法

思索你的價值觀，想想對你而言，幫助哪一個族群或類型的人最有意義。此外，也想想你可以為哪一些類型的請求提供獨特的幫助，以及實現哪一些類型的請求會讓你獲得最多喜悅。運用這些新的覺察建立捷思法，協助你快速且有效率地決定應該答應哪些會佔用你時間的請求。

組成私人董事會

尋找各種經驗和背景的人，在你要做出人生的重大決定時，可以為你帶來充滿洞見、具有幫助的觀點。這些人就是你的私人董事會，每當你來到重要的交叉路口或面對許多選項時，可以諮詢他們的意見（無論這段關係是正式或非正式）。

4F決策框架

下次要做出重大決定時，首先請確定問題，確定至少有兩個具體的選項可以選。接著，尋找事實，找出可以幫助你做出明智決定的數據或資訊。接下來，排定跟自己開會的時間來做出最終決定。最後，後續追蹤決定，排定時間檢視與思索你是否需要改變原本的決定。

問跟自己價值觀有關的問題，以做出更好的決定

判斷你的核心價值，也就是對你而言過著充實的人生最重要的事物。把這些價值轉變成問題，幫助你進行決策。例如，假如過著利他的人生對你來說很重要，就問自己：「哪一個選項能對他人造成更正面的影響？」除了思考價值觀，也一定要問自己：「我會享受這個過程嗎？」盡量不要選擇只因為最後可能有重

大回報才吸引你的那個選項。

❑問「應不應該」，而非「能不能」

雖然很多時候你只要照規矩走就能做出決定，但是請抗拒如此盲目遵行的誘惑。退一步，問自己「應不應該」這麼做。如果答案是「不應該」，就問自己應該怎麼做。

❑冰山一角

有人給你一個機會時，想想實現令人興奮的「冰山一角」所需要付出的所有時間和努力。檢視完冰山一角底下的一切後，你會更有辦法決定是否接受那個機會。

❑下星期二定律

下次有人請你在很久以後做一件事，問自己這個問題：「如果這個機會是發生在下個星期二，我會有什麼感覺？」只要答案不是「很興奮」，就拒絕。

❑清理會議

檢視你的行事曆，把過去兩週參加的會議全部寫下來。針對每一場會議，問自己以下這些問題：

1. 這場會議對我的工作是必要的嗎？
2. 這場會議有讓我更接近理想的工作生活嗎？
3. 這場會議有帶給我喜悅嗎？

把所有沒有符合上述條件至少一項的會議全部刪除。

❑每週進行一次愛恨檢視

在每週的開始或結尾反思過去一星期，列出所有你喜歡的和你討厭的活動。若是屬於第一類的活動，就安排計畫多做一些；若是你討厭的活動，就減少它們——完全停止、交給別人、運用自己的長處降低不得不做這件事帶給你的厭惡感，或是改變你看待討厭的活動的方式。

❑每週檢視三大類

每個星期五下午挪出二十分鐘跟自己開會。在一張紙上畫出三個欄，分別寫上這幾個標題：職涯、人際關係、自我。每個類別至少要寫下一件你想在接下來的一週完成的重要事項。打開行事曆，圈出你想完成這些活動的時間。

❑每日反思儀式

每天結束前，花十分鐘反省。首先，反思你的一天，問問自己今天發生什麼事，以及自己對事物做出什麼樣的反應。第二，把焦點放在隔天，問自己：「明天我能做什麼跟我平常做的事不同且能帶來改變的事情？」第三，想想別人，問問自己要跟誰相處和教導誰。隔天早上，迅速讀完你的總結，開始新的一天。

❑可能待辦清單

創造一個稱作可能待辦清單的待辦清單，記錄所有容易侵入每一天、讓你從最重要的事項中分心的非急迫行政事項。因為這叫做可能待辦清單，你可以享受做或不做這些事情的選擇自由。清單上的事項越積越多，就卡位一些時間大量處理。

□開放與不開放清單

創造兩份待辦清單：開放清單和不開放清單。把目前所有的任務移到開放清單。限制不開放清單要有幾個活躍任務（例如三個）。從開放清單挑選最重要的任務，移到不開放清單填滿空缺。完成一個不開放清單的任務後，就從開放清單再選一個移到不開放清單。

形塑你的一天

現在是星期一早上，你精力充沛地登入電腦。你已排好優先順序，非常清楚這個星期想要完成什麼。可惜，你犯了一個錯，在進行今天最重要的任務之前，偷偷看了電子信箱一眼。你的注意力馬上從積極主動變成被迫做出反應。

團隊成員和上司傳來的好幾個「急迫」要求馬上映入眼簾。你點開行事曆，想看有沒有時間擠得下這些要求，但是無論看到哪，大大小小的會議就像兇猛的病毒，趁你不注意時在你的行事曆擴散開來。你感覺壓力值開始飆高。專注在最重要任務的幻想現在已成為遙遠的記憶。

別擔心，你並不孤單。

說到典型的工作週，大部分的人都是開啟防守模式。會議是同事排進行事曆的，我們收到的電子郵件決定了一整天的優先順序，每個人想要我們完成的請求感覺都很急迫。每一天都像無止盡的打地鼠遊戲，但卻不是「我在遊樂場玩得很開心」的那種感覺。

你應該拿回控制權，轉換成攻擊模式。

這個章節會協助你主動建立每一週和每一天的架構，把你運用時間的方式最佳化。你會學到什麼時候適合安排特定類型活動的最新科學；你會知道你為什麼需要在行事曆排定休息時間，而非暗自祈求能有時間休息；你會得到如何讓每個工作天在爽快的高峰中結束的建議（不用靠藥物！）。

讓晝夜節律形塑你的一天

大部分的生產力建議都沒有考量到影響成效的一個關鍵因子——晝夜節律。晝夜節律是以二十四小時為週期的自然醒睡循環，會影響你一整天的活力起伏。

每十個人當中，約有一人是晝夜節律研究者所說的「早鳥」，可以不用設定鬧鐘就在日出時分或日出之前開開心心起床。早鳥是因為屬於清晨五點俱樂部而洋洋得意的那種人，喜歡在社群網站吹噓自己在其他人拖著樹懶般的身軀邁向一天的第一杯咖啡之前，就已經完成多少多少事（這時，我應該坦承我就是早鳥。我保證不會炫耀我今天早上從六點就開始寫作的事情，但既然你問了，我只好說我確實是如此）。

夜貓非常討厭早鳥（老實說，不是早鳥的人都討厭他們）。夜貓位於晝夜節律的另一端，大約佔人口的百分之二十。如同這個名稱所說的，夜貓會在夜晚活動。

其他人都屬於中間分子，既不會在早上神采煥發，也不會在晚上挑燈夜戰。中間分子的節奏跟早鳥差不多，只是延遲了幾個小時。

早鳥和中間分子會在完全清醒後的那兩個小時達到認知巔峰。午餐後，他們的活力會下降，接著在靠近傍晚時又經歷第二次高峰。夜貓的一天則恰好相反。

現在，你可能會想：「這樣區分早鳥和夜貓不就只是為了讓夜貓有藉口熬夜追劇？或是讓早鳥成為清晨五點俱樂部的高尚會員？」並不是這樣的。事實上，了解我們的晝夜節律，根據晝夜節律安排我們的工作，可以讓我們在工作上快樂許多（更別說更有生產力）。例如，在伊朗進行的一項研究發現，在兩百一十位醫護人員之中，早鳥如果上早班的話會比較享受工作；同樣地，夜貓如果輪的是夜班，工作就能帶來更多喜悅。[15]

丹・品克（Dan Pink）在撰寫《紐約時報》暢銷著作《什麼時候是好時候：掌握完美時機的科學祕密》（*When: The Scientific Secrets of Perfect Timing*）時，便曾經深入研究這件事。他發現自己是中間分子之後，完全改變了自己的工作天。

品克解釋：「我改變了我的時程表。在寫作日，我會給自己設定要完成的字數，早上告訴自己：『好，今天我必須寫七百字。』我不會把手機帶到辦公室、不會打開電子信箱、不會做其他任何事；直到完成那七百字，我才讓自己自由去做別的事。」

品克說：「我會利用下午稍早的時段回信、歸檔和掃描文件，也就是不會很累人的那種事。然後，下午三、四點左右脫離低谷後，我會進行訪問或不需要專注警醒的事物，讓自己接受各種可能、各種想法，稍微再鬆懈心智一點。」

因為遵循這樣的時程表，《什麼時候是好時候》是品克唯一準時交稿的書。

實際演練

1. 要重新建構你的一天，先到這裡完成早鳥夜貓問卷測驗：amantha.com/timewise
2. 根據你的晝夜節律來計畫工作天。利用早鳥夜貓問卷測驗的分數來決定你應該在哪些時段進行最需要專注、最深入的工作，又應該在哪些時段進行比較不需要運用認知能力的工作。
3. 利用下面的指引協助建立一天的架構：

早鳥（絕對早晨）：

深度工作……………………早上七點到十／十一點

輕鬆工作……………………早上十一點到下午兩點

恢復活力（額外的深度工作）……下午兩點到四點

中間分子（適度的早晨／晚間和中間時段）：

深度工作……早上九點到中午十二點

輕鬆工作……中午十二點到下午兩／三點

恢復活力（額外的深度工作）……下午三點到五點

夜貓（絕對晚間）：

深度工作……下午四點以後

輕鬆工作……下午一點到四點

恢復活力（額外的深度工作）……早上十點到下午一點

轉換紀錄如何幫助你善用時間

你會不會在工作天結束時問自己：「我今天實際上做了什麼？」結果卻連一件事也回答不出來？

假如你一週工作標準的四十個小時，那麼你有兩千四百分鐘可以分配任務。有這麼多分鐘，你很容易就會沒頭沒腦地分配工作的時間，也很容易就會高估你花時間——以及沒花時間——處理的事情。電子郵件軟體公司Superhuman的創立者兼CEO拉胡爾・沃赫拉（Rahul Vohra）便是這樣想出轉換紀錄的概念。

沃赫拉解釋：「大部分的人都以為他們知道如何運用時間，但其實他們並不知道。沒錯，你有行事曆，可是行事曆很難反映現實。有急迫的任務需要我們的注意；我們需要完成的重要事項甚至可能不在行事曆上。就像那句名言所說的，你會改變你所測量的東西。」

因此，沃赫拉給自己的問題從「我是如何運用時間？」轉變成「我是如何測量時間？」

解決方式就是轉換紀錄。沃赫拉說，轉換紀錄不像表面上那麼簡單，但是卻出人意料地有效。「第一，開始一項任務時記一筆。第二，轉換任務時記一筆。第三，休息時記一筆。最瘋狂的地方是：應用這些規則後，你可以想做什麼就做什麼。依循你的直覺，去做感覺重要的事情。」

沃赫拉使用Slack即時通訊軟體的頻道記錄他的時間。每次開始一項任務，他就會用Slack傳一則簡短的訊息給自己，上面會寫TS（Task Switch，任務轉換）、冒號以及任務名稱，例如：「TS：檢視行事曆設計」；改變任務時，他也會做同樣的事，休息時也是。然後，一天結束時，他會分析自己利用時間的方式。

「分析的過程本身相對簡單。你要把所有的任務分類，像我的話就分成產品設計、人員招募、公關、管理、領導、電子郵件和冥想。接著，你只要記錄每個類別所花的時間就好了。」

沃赫拉以那年的某個星期為例，說他分析完轉換紀錄後，發現自己在人員招募上只花了百分之四的時間，公關卻花了整整百分之二十二。「我知道身為一間B輪投資公司的CEO，我應該花百分之三十左右的時間在人員招募上。我自己做公關工作，可能不比雇用某個在這方面做得比我好的人還重要。所以，我馬上就發現一個可加以行動的洞察。」

實際演練

1. 選一個用來記錄任務轉換的軟體。你可以跟沃赫拉一樣使用Slack，也可以使用微軟Excel或Google試算表，甚至可以走老派路線，使用紙和筆。
2. 開始新任務時，輸入TS：任務名稱。
3. 換到另一個任務時，重複同樣的動作。
4. 每次改變任務或休息時都做同樣的事情。
5. 如果轉換任務忘了記錄，過了五到十分鐘之後通常會很明顯，因為你會發現自己做的事跟寫下來的不一樣。這時候，進入你的轉換紀錄、編輯任務，然後繼續工作。

6. 不用為了轉換紀錄更新行事曆，兩者有沒有相符並不重要。

7. 在每天或每週結束時，花點時間分析數據。把所有的任務分成不同的類別，加總每個類別所花的時間。問自己，這些數據有沒有反映你的價值觀和優先順序。有的話，很棒！沒有的話，想想你在接下來的幾個星期可以怎麼改變自己的行為，以確保行為跟價值觀和優先順序相符。

8. 假如你正偷偷地想（就像我第一次聽見沃赫拉描述這個策略時一樣）：「這聽起來好痛苦啊。」沒錯，這個策略的確有痛苦的成分。我自己有試過，非常可怕。但是，天啊，你最後得到的洞察完全值得。

讓每一天都有令人心滿意足的亮點

承認自己是生產力瘋子、著有暢銷書《Google創投認證！SPRINT衝刺計畫》和《生時間》的傑克・納普（Jake Knapp）以前感覺自己的人生被待辦清單所支配。他在Google工作超過一年，每一天都受到這份清單的控制。完成這份清單變成他的人生目標。但，不幸的是，待辦清單不可能有完成的一天，永遠都有更多事要完成。

於是，納普開始用不同的方式思考自己的一天，不再糾結於他想完成的那些小任務，而是大體上開始忽視待辦清單。他把注意力放在完全不一樣的事物上。

「每天早上，我都會問自己：『今天結束時，我希望這一天的亮點是什麼？什麼會讓我感到滿足喜悅？那是什麼？』所以，我會想出一件事，不只是一件小事項，而是會花費我六十到九十分鐘的更有野心的事情，然後我會把它寫下來。我就單純寫下那一件事。」

這不代表納普不會做別的事。他還是會檢查電子信箱、把較小的任務記錄在待辦清單。但，他不會讓較小的事情支配他的一天，而是把亮點變成優先事物。

「我不會想：『我今天要做一千件事。』而是如果我只做一件真的很重要的事，那我就滿足了。」

納普決定好亮點是什麼之後，就在行事曆圈出時間。這個動作會確保這件事比其他任何他可能會做的事都還要優先。

心理學家發現，計畫或想像一天的亮點這個簡單的舉動，會讓你更有可能實現目標，也能更有韌性地面對一天之中可能出現的挑戰。

心理學教授嘉貝麗・厄丁頓（Gabriele Oettingen）曾率領一項研究，要一群受試者想像一天之中的可能亮點，也就是一個創意任務。[16]研究人員要求他們想想，自己做這件事很順利的話會有什麼感受，同時想想可能遭遇的阻礙。第二組受試者被要求只想像亮點的部分，不去想阻礙。第三組則被要求思考可能的阻礙。

結果，想像亮點——但也思考可能出現的阻礙——會帶來最好的表現。人們同時思考亮點和挑戰時，會把亮點帶來的正面感受跟可能遭遇的阻礙連結起來。因此，挑戰真的出現時，人們更能興奮地去克服。

擁有A型人格的我忍不住問納普：為什麼不計畫兩個亮點？兩個肯定比一個好吧！

納普禮貌地說我弄錯重點了：「我覺得我們大部分的人在工作場域中一直都被忙碌的文化所圍繞，甚至在工作以外也是。我跟其他為人父母者談話，發現他們也是那麼忙，就知道這無所不在。我們是非常忙碌的一群人，所以我們總是預期要做更多、更多、更多，而且做得更快。只計畫一個亮點的概念是想傳達：『嘿，只有一個焦點、做少但用更多精力去做，這樣也沒關係。』」

謝了，傑克，我內心那個追求卓越成就的自己需要聽到這句話。

實際演練

1. 展開新的工作天時，問自己：今天結束時，我希望這一天的亮點是什麼？什麼會讓我感到滿足喜悅？
2. 最好挑一件需要花你六十到九十分鐘左右的時間完成的事情。
3. 在行事曆卡位做這件事的時間，最好是在活力最充沛的時候（對大部分的人而言就是早上）。
4. 把完成這個亮點變得比一整天必須完成的其他事項還要優先。

如何才能做更多時薪一萬澳幣的事情，更少時薪十澳幣的事情

如果你跟大部分人一樣，那你可能曾經把你的年薪換算成時薪。或者，如果你是公司老闆或自由業人員，你或許也曾經把年收入除以工作時數，然後得到類似的數字。不過，你有沒有想過把你的一天進行排序，從最有價值的任務排到最沒有價值的任務？

世界知名的商業策略家裴利・馬歇爾（Perry Marshall）花了很多時間思考時薪這

件事。對他而言，看待這個公式有另一種完全不同的方式（這跟你能不能進行複雜運算一點關係也沒有）。

馬歇爾拿在牙醫診所當櫃台小姐、時薪十五澳幣的海倫為例。馬歇爾解釋：「海倫做的事情大部分一小時只能產出趨近於零的價值，但她做的某些事一小時卻值數千澳幣。」

「例如，假設某人的牙齒處置會花五千澳幣，他上網找到海倫工作的診所。海倫接起他的電話，但是卻請他稍等，因為她正忙著處理一位客人。兩分鐘後，她拿起電話，問對方需要什麼協助，但是對方已經掛掉了。他本來要在兩分鐘後花五千澳幣，但是稍等的音樂聲嚇跑他，因此他不會再打電話來了。」

「失去五千澳幣只需要兩分鐘的時間。」

每個人的工作天，其實都充斥著高價值和沒那麼高價值的活動。馬歇爾說，我們必須更懂得辨識工作生活中有哪些時薪一千澳幣或一萬澳幣的任務，然後把更多這樣的任務放進我們的每日架構。

但，光知道哪些是低價值的活動並不夠。馬歇爾說，一旦辨識出這些任務，我們必須想辦法減少或完全不再做這些事。例如，我們可以把事情委派給助理或外包給別人，讓我們有更多時間可以花在高價值的活動上。

不是所有的時間都是平等的，如果我們可以更有意識地察覺自己如何運用時間，我們就能更加善用它。

實際演練

1. 列出你的職務需要完成的所有活動，從小型的行政責任一直到比較專業的活動。
2. 把這些事項分成四個欄位：
   a. 時薪十澳幣任務，如跑腿差事、把收據交到會計部、為了某個會議調整行事曆
   b. 時薪一百澳幣任務，如協助客戶解決一次性的問題
   c. 時薪一千澳幣任務，如規畫你的一週，排定優先順序
   d. 時薪一萬澳幣任務，如召開銷售會議、解決反覆出現的客戶問題
3. 看看有沒有辦法將每小時十澳幣的任務委派出去。例如，聘一位虛擬助理，這通常會花一小時五到十澳幣。如果你可以委派四個小時時薪十澳幣的任務出去，總共付給別人四十澳幣，想像一下這四個小時都用來做時薪一千澳幣的任務，你能在這段期間創造多少價值？你不需要擁有高階統計

學博士學位，就知道這能帶來高上許多的價值。

4. 將同樣的思維應用在工作以外的生活，把低價值的任務外包出去，改做高價值的活動。我自己便在社區媒合平台 Airtasker 上找到人組裝宜家（IKEA）家具，這樣我就有更多時間進行高價值活動——跟七歲的女兒一起組裝哈利波特樂高玩具（還是說，只有我認為這是超棒的高價值時光？）。

清除行事曆裡的狗屁事項

看看你這個星期的行事曆。你有沒有受邀參加什麼會議，卻不確定會議的目的或你將扮演的角色？或許有一些即將到來的活動，你不認為自己會很享受，也不確定這對你的職涯有沒有直接的好處。又或許，你卡位一些時間要生出一份報告，但是你懷疑根本沒有人會閱讀？

如果上述問題有任何一個的答案是肯定的，你的行事曆很可能需要大清理。

行事曆規畫軟體公司 Sunsama 的創辦人阿舒托什・普里亞達希（Ashutosh Priyadarshy）說，我們的工作天很容易充斥著跟你的目標只有略為相關或甚至沒有明顯關聯的事物。為了把花費每天時間的方式最佳化，普里亞達希會定期清除行事曆裡被他稱為「狗屁」的事情。

「我會在某一天檢視我打算要做的每一件事，然後問自己：『這跟我想要的結果明顯且直接相關嗎？』假如這離我正在專注的事情（例如客戶取得）差了兩、三個步驟，通常就表示這可能都是浪費時間的狗屁。」

在普里亞達希的生活中，社交活動就是一個例子。雖然他可能會在社交活動上認識一些有助於提高Sunsama的知名度、進而獲取客戶的人，但是這實在很難保證。「我只做感覺非常明顯、急迫、重要的事情，其他的都不管。」

當我跟在大型企業工作的朋友聊天、聽著他們形容自己的工作天時，我常常很訝異他們的時間有很大一部分花在可被普里亞達希歸類成狗屁的事情上。有很多所謂的「工作」對組織的目標沒有影響力，也有很多會議可以不需要那麼多人參加或時間不用那麼長，就能產生更好的結果。

普里亞達希已經養成每日習慣，在前一晚規畫自己的一天，這讓他更有意識地從行事曆清除任務、會議和活動。「我覺得，定期規畫工作天會發生一件有趣的事，那就是你會建立一些安全檢查機制，讓你更難接受狗屁事項進到你的生活中。」誰不想要每天面對更少狗屁？

實際演練

1. 挪出時間檢視你的行事曆，最好是每天。
2. 針對每一個會議、活動和圈出時間的事項，問自己：「這會讓我更接近我的目標嗎？」如果答案是否定的，就把這件事從行事曆清除。如果答案是肯定的，就保留下來。但，如果答案是「或許」或「間接」，也把它清除。雖然這一開始可能讓你覺得不太舒服，但是如果你能用跟你的目標直接相關的活動填補多出來的時間，你在重要的事物上就會取得更快、更有意義的進展。

別再讓他人劫持你的行事曆

約翰．澤拉斯基非常在意自己如何運用時間。澤拉斯基曾在Google和YouTube等科技公司擔任設計師將近十五年；後來，他來到Google創投，跟傑克．納普一起把設計衝刺（Design Sprint）變得更完美——設計衝刺是協助公司產出和測試新點子的限時過程。澤拉斯基也自稱是「時間狂熱者」，跟同事傑克．納普合著了《生時間》

這本關於如何更有效運用時間的書。

澤拉斯基花很多時間思索行事曆的架構（我們不都是這樣？好吧，或許只有我和約翰是）。不管你替哪一種組織工作，你的同事很可能可以隨時在你的行事曆裡加入會議，因為那是開放給公司的每一個人的。基本上，人人都能劫持你的一天，多好玩啊！

跟我們大部分人不同，澤拉斯基認為他的行事曆是讓他主動思考、而非被動做出反應的好機會。他知道，對他來說，美好的一天有幾個元素，包括早上的深度工作時間、讓他保持活力的三餐和休息時間、處理電子郵件和其他任務的行政時間、運動時間以及跟妻子或朋友相處的時光。

為了積極融入這所有的元素，澤拉斯基決定靠一個行事曆範本來解決。他解釋：「我使用的其實是Google日曆裡面的行事曆範本。那不是我主要的行事曆，而是另一個描述我理想一天的行事曆範本，包含所有的基礎，從我何時吃飯、何時進行專注的工作、何時運動等等。」

澤拉斯基的一天從早上六點半的一杯咖啡開始，但是他在這段時間不會使用科技產品。「在拿起手機或打開電腦之前，我會泡杯咖啡、望著窗外幾分鐘，這對我來說很重要。我和我太太弄了一個充電櫃，所有的裝置晚上都會放在那裡。這在我們跟科技之間創造了一個很好的屏障。我必須有意識地做出決定，告訴自己：『好，現在我準備展開一天之中專注在科技上的部分。』」

喝完咖啡後，澤拉斯基會進行一天當中最重要的任務，通常是需要深度專心思考的工作。他也會確保自己有安排休息和吃飯的時間。「我發現我如果沒那麼做，當我在進行專注的工作時就會變得太入迷，我會拖太久，然後讓自己累壞。但是，如果我有安排休息時間，就能保持均衡。」

下午是行政作業和會議的時間。澤拉斯基使用自動排程軟體Calendly，將自己有空開會的時間設定在下午，通常介於兩點到五點之間。他的運動時間從下午五點開始，晚上則是社交時間。

澤拉斯基總結：「我不會開啟防守模式，而是開啟攻擊模式。」

實際演練

1. 思考理想的一天對你來說包含哪些元素，這可能包含跟家人相處、運動、專注工作、開會、處理電子郵件、跟同事或朋友社交、吃飯和休息等不同的時間。
2. 想想每項活動最適合發生在一天之中的什麼時間。

3. 規畫理想的一天。你可以只規畫工作上班的時間，或像澤拉斯基那樣卡位一整天。

4. 要把規畫好的一天放進行事曆有兩個做法。第一個做法是仿效澤拉斯基，使用Google日曆創造一個新的行事曆，名稱取為「範本」。這個行事曆只有你看得見，你可以打開或關閉瀏覽權限——把這當作用來規畫一天時間的鏤空範本。或者，你可以使用原本的行事曆，把所有的活動放進去卡位，這樣別人就無法在那些時段安插事件。我發現如果我使用**粗體字**標註活動，同事會比較認真看待我行事曆上的事項，尤其是當我使用**請勿安插事件**這種明確的字眼時。

5. 只要有辦法，就按照你的範本計畫你的一天。

讓每一個小時都有生產力

一天最棒的開始，就是吃一頓充滿蛋白質的早餐和先完成最重要的工作，對吧？可是，對布朗大學的經濟學教授艾蜜莉．奧斯特來說，卻不見得是如此（早餐的部分是，工作的部分不一定）。

奧斯特在思考要如何運用一天的時間時，會應用「最佳化邊際」（optimising on the margin）這個經濟學原則。在你看到經濟學名詞開始雙眼朦朧之前（還是這是整本書最讓你眼睛為之一亮的部分？），先讓我解釋這是什麼意思。邊際代表了當下活動的程度，所以為了最佳化邊際，我們需要考量下一個小時最好的應用是什麼，而不是根據活動的重要性來選擇活動。

奧斯特說：「我試著讓每一個小時發揮最大的生產力。這就表示，我要根據我當下的狀態思考那個小時最好的用途是什麼，而不是說所有的時間都應該花在這一件大事。」

例如，奧斯特可能有一項工作上的計畫比另外一項重要許多。可是，當她在思考要如何充分利用下一個小時的時候，她發現用來處理較小的計畫最好，因為她的腦袋有點不清楚，做比較重要但比較消耗腦力的計畫沒辦法做得很好。

訪問奧斯特時，我正好在寫這本書，所以我自然便請她建議我如何應用這個最佳化邊際理論。她建議我想想每天寫這本書所花的時間逐漸遞減的邊際價值。她猜想（她猜得沒錯），我早上頭兩個小時的寫作時間非常有生產力，但是之後產出的寶貴書寫價值卻越來越少。她說得非常準。

「我們會忍不住想：『因為這件事非常重要，我一定得撐過去。』但是其實，那些額外的時間沒那麼有生產力。」奧斯特建議，這時候我要轉換活動，甚至做一些行政事項，因為那是下一個小時最好的用途。不要硬撐過第三個小時，導致產出的質量都大幅減少。

換句話說，我在下一個小時最好做一件完全不同的事情，而不是繼續寫書，因為再寫一個小時的書可能會沒有生產力——我已經達到做這件事的極限。把下一個小時花在價值較低的事情上（如行政作業），而不是讓價值較高的任務出現未達標準的表現，其實才是真正善用每一個小時。

實際演練

1. 不要聽從大部分的生產力建議，把最重要的事項優先排在所有的事情之上。你可能會在一天的開始做幾小時最關鍵的工作，但是你要觀察自己的感受，留意什麼時候報酬開始遞減。
2. 這時候，刻意轉換任務，可能做些比較輕鬆（或許沒那麼「重要」）的事，以發揮下一個小時最好的用途。例如，完成比較不重要的行政工作，會比硬是要做最重要的工作但卻因為精力減少而導致產出減損，還要更寶貴。

認真對待休息時間

你的行事曆很可能散布著各種會議。這本書看到這裡，你或許也已經卡位進行深度工作的時間（除非你只是在逛書店時隨意打開這本書、剛好翻到這一頁。如果是這樣，請回到起點重新開始）。

可是，你有在行事曆排定休息時間嗎？如果你跟大部分人一樣，答案很可能是否定的。休息時間通常是事後才會想到，或者你一整天有空閒的時候才會去做的事。

撰寫暢銷書《Deep Work深度工作力》（*Deep Work*）和《沒有Email的世界》（*A World Without Email*）的教授卡爾．紐波特（Cal Newport）不但會卡位一整天的時間，還會確保自己有在行事曆安排休息時間。

紐波特解釋：「進行時間卡位的人之所以能提高生產力，其中一個原因就是他們也會卡位休息的時間。這是一個微妙的心理學效應，但是如果你不規畫什麼時間該休息，那麼任何時刻都可能是你可以休息的時候。這就會發生一種情況，那就是你一整天都在跟自己爭辯：現在應該休息嗎？現在應該處理電子郵件嗎？現在應該瀏覽社群媒體嗎？如果沒有預先計畫何時要休息，你就會不斷進行這種內心的爭辯。」

他說，在這場辯論中，人們通常會輸，結果就是你更進一步地分散了自己的注意力。在行事曆排定休息時間，就不必浪費時間跟自己爭辯何時要遠離工作。

這時候，你可能會想：「卡爾這樣很好啊，但是我的行事曆要爆滿了！我沒時間休息！」好消息是，休息時間不需要很長。科羅拉多大學的研究發現，休息時間有一個最佳長度。[17]研究人員發現，跟單次走路三十分鐘的休息時間相比，六次走路五分鐘的休息時間更能有效提高活力、聚精會神、改善心情、減緩午後的疲倦感。你肯定能在各個會議之間找到幾個五分鐘的空檔吧？

如果這些好處還不夠有說服力，我再告訴你一個：短暫的休息可以改善記憶力。在一項研究中，有一組受試者在聽完一則故事後休息了十分鐘，另一組則完成需要高度專注力的任務。[18]結果，有休息的人比較記得住故事的細節。這個效果可以持續超過一週，全都是來自短暫休息這個簡單的舉動。

實際演練

1. 從你最重要的休息時間——午餐——開始規畫。你不必每天手動排定，只要在行事曆設定至少三十分鐘的重複午餐時段，做為跟自己開會的時間，這樣就沒有人可以排走這個時間（如果真的排了其他會議，午餐預定行程會提醒你把它改到沒有開會的時候）。你當然可以更改時間，但至少你知道每天中午你都會留給自己三十分鐘。

2.在一整天的時間安排幾個短暫的休息時間。長度不用超過五分鐘，重點是要定時安排。

3.或者，在Google日曆的設定中開啟「縮短開會時間」功能，將會議時間預設成二十五或五十分鐘，而非三十分鐘或一小時。這樣一來，你就沒有藉口不在一天的架構之中塞進五分鐘的休息時間，即使你有連續不斷的會議要開。

不再瘋狂忙碌的一天

你可能曾經聽過同事哀嘆他的一天「瘋狂又忙碌」。他大概有告訴你，他有接連不斷的會議，連吃午餐的時間都沒有。他還開玩笑地說，真希望自己能透過靜脈注射攝取食物，這樣就不用浪費時間吃東西（難道只有我這麼想？）。

聽到這些抱怨時，我們很容易會誤以為對方一定是個大人物，才會受邀出席這麼多會議。於是，我們質疑自己是否應該努力把會議填滿行事曆，好提高自己很重要的感覺。因為，我們很自然就會認為最成功的人每天的行程都是百分之百排好排滿。

然而，在安排一天的架構時，世界上最成功的人士其實會做相反的事情。

戴倫．墨夫（Darren Murph）是世界上最大的遠距工作組織——軟體開發公司GitLab——的遠距部門經理（沒錯，這就是他的職稱）。GitLab擁有超過一千三百名員工，分布在將近七十個國家，公司沒有自己的辦公室。墨夫認為，將百分之百的時間都排滿會帶來很大的風險。

墨夫解釋：「假如你一整天都預先排滿了會議，那麼真實人生就沒有出現的空間。」例如，你的小孩的學校可能打來說，他生病了，你必須去載他；你可能收到客戶的緊急要求，必須馬上處理；或者，你預計在那天完成的任務可能花了比預期還久的時間。

上述這些情況很容易佔用一個小時以上的時間，這不但會影響你的壓力值，也會干擾別人的行程，特別是你屬於開會開不完的那種人的話。

墨夫指出，一整個工作天都被排滿也可能對創新有不好的影響。「如果整間公司的每一個人都百分之百被排滿，怎麼會有創新的空間？排滿百分之百的時間肯定會讓你的公司缺乏創新，也不會有令人靈機一動的對話，因為大家沒有時間這麼做。」

所以，下次有人抱怨他瘋狂忙碌、會議接連不斷的一天時，你可以跟自己沒那麼狂亂爆滿的行程相比，暗自得意地想，其實你可能才是比較成功的那個人。

實際演練

1. 不要因為行事曆看起來很滿就感覺自己很有生產力，而是要刻意排出什麼都不做的時間。把這些時候做為事情做不完或預期之外的事情突然出現的「緩衝時間」。這段時間甚至可能出現創新或機運。你可以用數種方式做到這點：

- 在行事曆安排休息時間（希望你在聽了卡爾．紐波特的建議之後，已經有這麼做——參見第101頁）。安排充電的時間是很重要的，假如會議或其他事項花的時間比預期還久，這段時間也可以做為緩衝。
- 進行時間卡位時，要高估事情需要花費的時間。
- 在兩場會議之間安排喘息時間，不用很長。只要有五到十分鐘可以完成任何快速的任務或為下一場會議閱讀筆記，都會使你的一天更加順利，讓你感覺更有掌控權。

停止無腦檢查電子信箱

電子信箱是我生產力的致命傷。雖然我已經很會躲避令人分心的社群媒體或不受即時通訊通知聲的吸引，我還是會迷失在收件匣裡，把這做為拖延「真正」工作的半固定形式。

儘管花了很多時間在收件匣，試圖成為收件匣零信件的那種人（或至少只有十封信），我卻發現這難以實現。在收件匣裡無腦閒晃會帶來很多拖延的快樂，卻成就不了什麼（雖然我確實會因為光是**想到**這個糟糕的電子郵件習慣就產生罪惡感）。這大概就是為什麼聽到約翰．澤拉斯基如何更有目的地使用自己的收件匣時，我感到非常興奮。

澤拉斯基曾在Google創投工作，跟傑克．納普一起創造了設計衝刺。澤拉斯基常常在思考要如何運用時間；跟我一樣，他很難抗拒收件匣的誘惑。

他解釋：「我不會用手機檢查電子信箱，但我一天當中大部分的時間都坐在電腦前，因此電子郵件的誘惑和接收管道總是近在眼前。」為了減輕這個誘惑，他會一次大量處理電子郵件。他會在早上快速檢查兩次，下午花比較長的時間檢視收件匣一次。他甚至在行事曆排定檢查電子信箱的時間。

由英屬哥倫比亞大學的科斯塔丁・庫什列夫（Kostadin Kushlev）和伊莉莎白・鄧恩（Elizabeth Dunn）率領的研究發現，一天檢查三次電子信箱的人，壓力值比不斷檢查電子信箱的人顯著較少。[19]所以，澤拉斯基一次大量處理電子郵件的行為不但比較有生產力，還對他的身心健康有益。

除了排定時間檢查電子信箱之外，澤拉斯基還有一個策略可以幫助他在檢查收件匣時更加專注。這是讓我真正興奮起來的部分。

「我替每一次檢查安排了目的。第一個策略是『捕魚的熊』。早上檢查電子信箱時，我想像自己是一隻捕魚的熊，站在河岸邊伸手捕捉一下子出沒在這裡、一下子出沒在那裡的美味鮭魚。我會刻意尋找重要且時間緊迫的電子郵件。假如訊息需要快速簡短的回覆，我會當下就回。假如很重要但需要花不少功夫處理，我會馬上去做或排進行事曆。」

在捕魚時段，澤拉斯基會盡量不去清空收件匣。清空收件匣需要不一樣的心理狀態，這就是他在下午的時段會做的事。

「下午時，我的精力比較少、創意減弱了，因此很適合轉換成我所謂的『嚼草的牛』。我就像一隻節省能量的牛在吃草一樣，有條不紊地處理一封封的電子郵件。我會從最底部開始閱讀每一則訊息，然後回覆、存檔或拉出收件匣。」

在結束嚼草的牛模式之後，澤拉斯基下午時段最後會再轉換成捕魚的熊短期衝刺，處理任何下午寄來的急迫或重要信件。此外，他也不會每天都以收件匣零信件為目標，而是偏好一兩個星期再全面清理一次。

澤拉斯基這個策略的最後一個部分，就是辨識不是電子郵件的電子郵件——即巧妙喬裝成電子郵件的工作（我喜歡想像這類電子郵件戴著鬼鬼祟祟的忍者面具）。這也需要不一樣的心理狀態。

「有時，我會發現收件匣底部有一封重要的電子郵件。因為它很重要，所以我想深思熟慮之後再回信，但是那需要時間和專注力，而我的電子郵件時段不適合那種深度工作。因此，收件匣最重要的東西反而最不可能得到適當且及時的回應。」

對澤拉斯基來說，這類電子郵件包括為一支影片提供意見、檢視一份法律合約、為新客戶製作提案等。基本上，就是任何需要大量時間和腦力的東西。

為了克服這個問題，他會把這些信拉出收件匣，排進行事曆，這樣這個工作就會確實被完成。更重要的是，他會分配時間，在他有腦力進行深度思考工作時完成這件事。

實際演練

1. 排定時間檢查電子信箱，一天三次最為理想。
2. 思索檢查電子信箱的不同目的。你可以像澤拉斯基一樣設定兩個主要目的，一是檢查和回覆重要急迫的事情（捕魚的熊），一是處理和清空收件匣（嚼草的牛）。
3. 為不同的電子郵件時段設定目的。你可以借用澤拉斯基取的名稱，或者如果不喜歡牛和熊，你也可以自己天馬行空想別的名稱。
4. 辨識出喬裝成電子郵件的工作，把這些拉出收件匣，在行事曆排定實際完成它們的時間。

使用海明威把戲結束一天

有時候，要開始工作真的很難，尤其是需要深度專注思考的工作。寫這本書時，我雖然設定了每日要達成的寫作目標，但很多時候卻坐在那裡，盯著閃爍的游標二十分鐘，腦子裡才浮現一些有用的東西（雖然在某些早晨，「有用」可能過於誇張）。

在這些日子，我只想要進入狀態、開始書寫，但我的大腦卻不那麼想。

瑞秋．波茲蔓（Rachel Botsman）是世界知名的信任與科技專家，也是牛津大學有史以來第一個信任研究員。以前，她很喜歡早上六點到九點的寫作時段。她發現，她在這三個小時能夠完成的工作比一天其他時候能夠完成的還多。但當她有了孩子之後，這個時段消失了。

成立家庭之後，她試著找到新的工作規律，發現進入狀態的訣竅之一，就是展開一天工作的方式。波茲蔓解釋：「開始一天的方式是接下來一整天的關鍵。」

「我學到一個很簡單的小撇步：如果你前一天很進入狀態，就不要完成那個段落。一個段落寫到一半，然後就停止。隔天再寫下一句，因為這樣很容易就能接續。當你完成某個東西，要再次開始的時候就會比較困難，因為你得重新發動引擎。」

組織心理學專家兼華頓教授的亞當．格蘭特也有使用類似的策略。他把這稱之為「把車停在下坡」，因為這個舉動會讓你在隔天輕鬆進入狀態。

有些人說這叫海明威把戲，因為作家海明威*（Ernest Hemingway）曾經說：「狀態很好的時候，就停止寫作。」沒錯，據說他都是在一句話到一半的時候結束當天的寫作。作家羅德．達爾（Roald Dahl）**也使用了同樣的策略，以免早上開始寫作時要面對可怕的空白頁。

在任務完成一半時停止，不僅會給我們動能，還有讓資訊停留在大腦中的額外好處。心理學家布盧瑪・蔡加尼克（Bluma Zeigarnik）曾在一九二七年進行一個著名的實驗，觀察到服務生點菜時若被中斷或客人點得不完整，他們比較能夠記住複雜的點餐指令。[20]然而，點菜一完成，指令就會快速從記憶中消失。這稱作蔡加尼克效應，證實我們的大腦是如此討厭未完成的工作，所以會在完成前努力保留資訊。

以海明威把戲的例子來說，我們的大腦也會一直想著未完的工作，因此當我們回到工作上，大腦會很容易重新接續先前暫停的事物。

實際演練

1. 要結束一天的工作之前，試著抵抗在打卡前自然斷在某個點的誘惑，而是刻意完成一半的句子、投影片、程式碼或任何一種工作。在完成一半時結

* 編按：厄尼斯特・海明威（Ernest Miller Hemingway），二十世紀最著名的小說家之一（一八九九～一九六一）。代表作為《老人與海》（*The Old Man and the Sea*）。

** 編按：羅德・達爾（Roald Dahl），英國傑出兒童文學作家、劇作家、短篇小說作家（一九一六～一九九〇）。著名的作品有：《查理與巧克力工廠》（*Charlie ant the Chocolate Factory*）、《飛天巨桃歷險記》（*James and the Giant Peach*）。

束，你會發現隔天更容易展開工作，擁有更善用時間的早晨。

養成下班儀式

以前，我的工作天總有好幾個結尾。在辦公室結束一天時，我會蓋上筆電、放進包包，然後跟同事說再見。但，送女兒上床睡覺後，我會把筆電從包包拿出來，在晚餐前多完成一點點工作。接著，我會再次蓋上筆電、吃晚餐，然後再次回到筆電。最後，當我的護眼軟體彈出通知，禮貌地告知我，我需要關掉所有裝置，準備就寢，我會再次結束工作天。

不意外，我在工作天從不曾感覺過真正的結束。我的工作天總是糊成一片，讓我覺得自己就像電影《今天暫時停止》（*Groundhog Day*）的比爾．莫瑞（Bill Murray）。當我更常在家工作之後，情況變得更糟，我很容易一路工作到深夜。

刻意用某種方式結束我們的工作天，會讓我們對這個工作天——以及下一個工作天——產生非常正面的感受。但我知道，不是只有我在工作方面經歷《今天暫時停止》的感受，進而錯過改善互動感和生產力的機會。

為了確實結束自己的工作天，暢銷作家兼幸福大師葛瑞琴．魯賓有一個「下班」

儀式。魯賓解釋：「我會告訴自己：『再十分鐘就要下班，我會花十分鐘整理辦公室。』」

「如果我之前把文件紙張拿出來，我就把它們放回資料夾或軟木布告板。我會丟垃圾，把筆放回筆筒。」對魯賓來說，這不是什麼深度清潔，只是收拾整理和把東西歸位。

魯賓發現，這個「十分鐘結束動作」（她有時會這樣稱呼之）可以清空她的思緒，是從工作轉換到家庭生活的過渡階段。隔天早上回到家中的辦公室時，她會感覺比較容易坐下來開始工作。「我不用在我做筆記的一堆紙張或書本或是要讀的文章或慢慢累積的各種東西之中翻找。」

「我喜歡這個儀式，因為對大部分的人來說，外在的整齊會帶來內心的平靜——至少我自己肯定是這樣。」

心理學家發現，這樣的儀式最大的好處是可以為生活注入意義。[21]在一項研究中，受試者被要求在日記中寫下他們一整天的感受和進行的活動。在人們進行固定儀式和例行公事的那些日子，他們會感覺人生有更大的意義和目的，進而改善韌性和毅力。在人們沒有進行固定儀式和例行公事的那些日子，他們則回報自己的人生感覺比較不穩定或不連貫，自然也無法感受到同樣程度的意義和目的。

說到整理和把東西歸位的儀式，《心理學科學》（*Psychological Science*）期刊所刊登的研究證實，這是非常有益的儀式。[22]其中一項研究要求受試者在紙上寫下一個負面的事件，例如他們後悔的決定。把這張紙摺起來放進信封裡的受試者感覺自己的心情變好了。他們感覺鬆了口氣，而不是焦慮，並經歷了一種終止感。

就像這些受試者，在一天——特別是困難重重的一天——結束時，把辦公室的東西放回原處，這個簡單的舉動應該能提振心情，為你的工作天帶來終止感。此外，隔天早上回到電腦前，你也不用跟亂七八糟的紙張森林奮戰。

實際演練

1. 在工作天結束之時，花五到十分鐘重整工作區域，無論是在辦公室或家中。
2. 先從實體清理開始，把文具、資料夾、咖啡杯和其他一整天累積起來的東西收好（以我來說，我要收的物品還有樂高動物、魔法寵物蛋和花園拿來的東西，因為我女兒現在很喜歡把一些非常隨機的東西帶到我的書房）。
3. 接著，進行數位清理，關掉已經結束使用的視窗或白天打開但現在可以關閉的檔案。別忘了關掉收件匣，這樣開始新的一天時才不會想檢查電子信箱。

架構
複習

□根據晝夜節律工作

判斷你的晝夜節律，找出你屬於早鳥、中間分子還是夜貓。根據晝夜節律的自然節奏來協助自己決定何時應該進行專注深度的工作，何時應該進行比較不需要運用認知能力的工作。

□轉換紀錄

記錄任務轉換。開始新任務時，輸入TS：任務名稱。換到另一個任務時，重複同樣的動作。每次改變任務或休息時都做同樣的事情。每週結束時，分析數據，問問自己運用時間的方式有沒有反映你的優先順序。如果兩者不相符，想想你可以怎麼改變自己的行為，以確保兩者更相符。

□安排亮點

展開新的工作天時，問自己：今天結束時，我希望這一天的亮點是什麼？最好挑一件需要花你六十到九十分鐘左右的時間完成的事情。在行事曆卡位做這件事的時間，最好是在活力最充沛的時候。把完成這個亮點變得比一整天必須完成的其他事項還要優先。

□完成更多時薪一萬澳幣的事項

列出你的職務需要完成的所有活動，從小型的行政責任一直到比較專業的活動。把這些事項分成四個欄位：時薪十澳幣任務、時薪一百澳幣任務、時薪一千澳幣任務和時薪一萬澳幣任務，看看有沒有辦法將時薪十澳幣的任務委派出去，釋出更多時間進行高價值的任務。

□清除行事曆裡的狗屁事項

挪出時間檢視你的行事曆，最好是每天。針對每一個會議、活動和圈出時間的事項，問自己：「這會讓我更接近我的目標嗎？」如果答案是否定的，就把這件事從行事曆清除，因為那很可能是狗屁事項。

創造行事曆範本

思考理想的一天對你來說包含哪些元素（包括工作和非工作的元素）。想想每項活動最適合發生在一天之中的什麼時間。規畫理想的一天，用Google日曆創造一個行事曆範本，在範本替每一項活動卡位時間。這個行事曆只有你看得見，把這當作用來規畫一天時間的鏤空範本。

最佳化邊際

你可能會在一天的開始做幾小時最關鍵的工作，但是你要觀察自己的感受，留意什麼時候報酬開始遞減。這時候，刻意轉換任務，做些比較輕鬆（或許沒那麼「重要」）的事，以發揮這個小時最好的用途。例如，完成比較不重要的行政工作，會比硬是要做最重要的工作但卻因為精力減少而導致產出減損，還要更寶貴。

在行事曆排定長短不一的休息時間

在行事曆排定午餐時間（至少三十分鐘）和幾次短暫的休息時間（五到十分鐘）。事先排定休息時間，就不用浪費腦力決定何時要休息。

❑不要排滿百分之百的行程

不要因為行事曆看起來很滿就感覺自己很有生產力，而是要刻意排出什麼都不做的時間。把這些時候做為事情做不完或預期之外的事情突然出現的「緩衝時間」。這段時間甚至可能出現創新或機運。

❑為檢查電子信箱的時間指定目的

排定時間檢查電子信箱。思索檢查電子信箱的不同目的，如辨識和回覆重要急迫的事情（捕魚的熊），或者處理和清空收件匣（嚼草的牛）。為不同的電子郵件時段設定目的。此外，也要辨識出喬裝成電子郵件的工作，把這些拉出收件匣，在行事曆排定實際完成它們的時間。

❑海明威把戲

要結束一天的工作之前，刻意完成一半的句子、投影片、程式碼或任何一種工作就好。在完成一半時結束，你會發現隔天更容易展開工作。

❑養成下班儀式

在工作天結束之時，花五到十分鐘重整工作區域，無論是在辦公室或家中。先從實體清理開始，像是把文具、資料夾和咖啡杯收好。接著，進行數位清理，關掉已經結束使用的視窗或白天打開的檔案。最後，別忘了關掉收件匣，這樣開始新的一天時才不會想檢查電子信箱。

第三章

效率

更快速、更聰明地工作

你是否曾在一天結束時對自己說：「哇！我多出好幾個小時的時間，不曉得要做什麼！」當然不曾！一天的時數永遠不夠用，對吧？錯。本書的下一個章節將幫你奪回一天的寶貴時光。

我們將進入殭屍、老鼠和機器人的世界。噢不，這一章要講的不是世界末日即將到來，而是跟效率有關，會談到如何充分利用你擁有的時間，並在沿途找到幾個捷徑。

要變得更有效率，最好的做法之一就是殺掉一些東西。我不是要你殺人。更明確地說，我們是要殺掉一些殭屍。接著，你會學到如何運用自動化的力量加快做事的速度。

會議是讓人最沒效率的事物之一，因此這一章自然會提出數個不同的策略，讓你的會議保持俐落、有效率、有影響力；包括何時適合排定會議、開會期間要做什麼、要邀請（或不邀請）誰參加會議等。

接著，我們會整頓你的收件匣，然後看看說到善用時間，約束能發揮多大的力量。最後，你會學到滑鼠跟生產力有什麼關係。

你需要獵殭屍

你的工作場所有殭屍嗎？你的辦公大樓有沒有聞起來像腐肉的屍體在四處遊蕩？好吧，或許真正的活死人沒有侵入你的工作場所，但是你的工作場所確實有可比作活死人的東西。

身為全球創新思維領袖、同時也是成長策略顧問公司Innosight資深合夥人的史考特．安東尼（Scott D. Anthony），思考很多關於殭屍的問題。更明確地說，他是思考很多殭屍企畫的問題。

安東尼解釋：「所謂的殭屍企畫就像活死人，是在那邊徘徊不去、但老實說永遠不會帶來物質影響的那種企畫。這東西會吸走一個組織所有的創新生命力，扼殺你完成新事物的能力，因為你浪費所有的時間和精力在做那些殭屍企畫。」

那麼，為什麼會有這麼多殭屍企畫？研究發現，人們不喜歡承認自己過去的選擇是錯誤的——這或許並不令人意外。[23]我們想要相信自己當初真的有慎選現在佔用我們時間的那些企畫。所以，當我們發現我們在進行的企畫不怎麼有價值，我們會說服自己奉獻更多時間在這個任務或目標上，認為這樣肯定會把它變好！心理學家稱這是「承諾升級」。

安東尼發現，殭屍企畫這個概念特別適用於大公司，因為人們往往不敢舉起手說：「你知道我們花了十二個月、數百萬元努力完成的那個點子嗎？那其實沒有產生任何價值，我們應該停止進行。」

然而，幫助殭屍脫離苦海是說比做還要容易。

除了幫客戶找出和殺死殭屍，安東尼在自己的工作生活中也殺了很多殭屍。幾年前，他把Innosight管理合夥人這個角色交給一位美國同事時，剛好有完美的機會可以這麼做。

「這是很棒的時機，因為我可以往後退一步，看著行事曆，然後問：『我跟同事固定會開的站立會議，有哪些真的是對我和另一個人來說很棒的時間投資？有哪些變成例行公事，會去做只是因為行事曆告訴我們，每隔幾週就應該要開會一次？』」

透過這些問題，安東尼從行事曆清掉了百分之五十到七十的殭屍會議，而且根本沒有人注意到，因為這些會議為他們的工作帶來的價值非常少。

其中一個被他刪掉的會議，是跟共事超過十年的同事定期召開的營運會議。「我們會召開站立電話會議，更新近況，並盡責尋找需要討論的議程事項，但是我和珍妮其實透過電子郵件就能處理議程事項處理得很好。於是，我們就不再打電話，而是開始利用電子郵件更新近況。這讓我們兩個都能節省時間，不會影響其中一人的效率。」

實際演練

1. 看看你接下來兩個星期的行事曆和工作活動。或者，你也可以檢視前兩週的事項。
2. 問自己：我在進行的企畫或固定要開的會議，有哪些已經失去目的或沒有產生價值？若是固定要開的會議，問自己：「我們這麼頻繁地開會有必要嗎？」或「這個會議能不能透過非同步的更新（也就是非即時的溝通方式，如電子郵件和即時通訊）完成？」
3. 殺死殭屍——刪掉這些企畫、活動和會議。
4. 想知道更多殺死殭屍的訣竅或如何在你的團隊／組織發起殺死殭屍運動，請到 amantha.com/timewise 獲取更多資源。

別再浪費時間在重複的任務上

我的工作有一些地方非常枯燥乏味，其中一項就是把播客節目的集數上傳到軟體平台，將《我是如何工作》散布到所有的播客應用程式。這件事每個星期都要做一遍，雖然只會花十五分鐘，但我總是拖到最後一刻才完成。

有一天，我在執行這個行政作業時，突然靈機一動：我可以把這個任務交給別人做啊！卡爾．紐波特一定會叫我這麼做。

紐波特告訴我：「外包思維的標準概念是，如果你一年會做一件事超過三十遍，那就應該自動化或外包。這叫作三十原則。如果你要做一件事做這麼多次，將它外包或自動化的經常費用很可能會產生正報酬。」

針對上傳播客的任務，我決定外包給Inventium的虛擬助理伊蓮。我投入一小時左右把程序寫成一個檔案，現在伊蓮讓我每個星期都不用做這件事，我非常感恩，一個星期多了十五分鐘可用。

雖然我不會寫程式，但是我很欣賞自動化。我在我的收件匣使用一個自動化程序，把我喜愛閱讀、但是偏好一次閱讀大量的特定電子報自動放進稱作「之後閱讀」的收件匣。學會如何自動化這個程序並加以設置，只花了我半小時，但是一整年下來，這可能省下我好幾個小時手動移動或歸檔數百封電子郵件的時間。

在工作生活中，我投入時間設定自動化的另一個地方，是針對常收到的電子郵件所做的回覆。例如，我每天會收到兩到十封想成為《我是如何工作》的來賓的人所寄來的詢問信。大約每五十封這樣的推銷信，我只會接受一封。所以，我發現自己寫了無數封婉拒信，後來才驚覺我其實可以把這件事自動化。於是，我製作一個電子郵件範本（Gmail所說的「罐頭回覆」），禮貌地拒絕這些請求。我只要在鍵盤上按兩個鍵，就能把它寄出，不用每一個人都花幾分鐘打好幾句話。

實際演練

1. 在接下來一個星期（或甚至兩個星期），記下工作時會做的所有重複性活動。你可以使用三十原則來指引你，即一個任務或活動如果一年做超過三十次，就算是重複性的。
2. 想想這個活動是不是比較適合外包或自動化。適合自動化的活動包括：需要大量複製貼上（如製作報表）、分類（如電子郵件歸類）、排定會議、付款等任務，基本上就是以固定規則為基礎（或可以找出固定規則）的任何事物。

3. 要將活動自動化，你可能會想尋找可以提供協助的軟體。寫下這段文字時，我發現自動化工具Zapier很好用，可以自動化需要讓兩個軟體程式互相對話的程序。另外，Keyboard Maestro對蘋果電腦的使用者來說是很棒的自動化軟體。

4. 若要外包活動，你可能可以把任務交給公司的某個人。或者，在Inventium，我們發現虛擬助理是外包許多行政和重複性作業的一個省錢方式。

你必須拒絕喝咖啡的邀約

卡洛琳・克魯斯維爾（Carolyn Creswell）是澳洲燕麥品牌Carman's Kitchen（我女兒最喜歡他們的燕麥棒）的創辦人，常常有人想請她喝咖啡。許多想成為企業家的人都想借用她的腦袋，得到克魯斯維爾的建議，因為她是澳洲最成功的女性企業家之一。

克魯斯維爾憶道：「我剛創業時，工作時數超長。我總是工作到很晚，週末也總是有事情要做。過了一段時間，我發覺如果有人在路上走過來說：『可以送我二十澳幣嗎？』你會說：『不行。』但是如果有人說：『可以占用你二十分鐘或請你喝杯咖啡嗎？』你會覺得自己必須說：『好。』」

答應占用我們時間的請求真的很容易。因為這是時間、不是金錢，所以感覺沒花費我們任何東西。可是，假設這杯咖啡跟工作有關，換算成你的時薪的話，**確實**還是有花費你一些金錢。此外，花費時間跟某個人喝咖啡，表示你可能得在下班後找時間完成你真正的工作。

克魯斯維爾是真心想要幫忙，但是她不會犧牲工作與生活之間的平衡，或不在辦公室時跟家人的相處時間。對她而言，答應喝咖啡的前提是她能在下午五點半下班，感覺一切都在掌控之中，可以準時離開跟家人吃晚餐。

「我很樂意幫助別人，所以通常會在開車上下班途中打電話給予指導。但，如果有人問我能不能喝杯咖啡，我會說：『我們可不可以通電話就好？』我會排定時間，這樣他就知道十九號星期二早上九點的時候，我會打電話給他。但是，我只會在開車上下班途中排定通話。」

由於克魯斯維爾通常不會跟別人約在外面，這就表示，她能夠利用開車途中這段沒有生產力的時間幫助他人。「這是我取得平衡的方式，這樣我就不會感覺我把一切都給了別人，卻無法完成自己的工作。」

我常常收到別人想跟我喝咖啡、「借用我的腦袋」的電子郵件，因此一聽到克魯斯維爾的建議，我就馬上實踐。如果我最後真的答應某個人的請求（大部分的時候我都會拒絕），我一定排在開車或每天散步的時間。

實際演練

1. 下次收到喝咖啡的邀請時，思考你是否真的想答應。當然，有些人你可能真的想見見，但是有時候你只是出於義務才答應。
2. 如果你真的想幫助對方，就在通勤或每日散步等閒置的時段排定跟對方通話的時間。

大幅減少會議數量

幾年前，多姆．普萊斯（Dom Price）在對自己進行季度績效評估時，開始思索他的工作方式。普萊斯負責率領研發團隊，同時也是澳洲軟體龍頭企業艾特萊森裡常駐的工作未來學家，因此有很多會議要參加。這時候，他開始思考自己有多痛恨開會（跟地球上所有的人類一樣）。

普萊斯憶道：「我快要被各種會議、論壇、委員會、聚會、團體活動、小組活動、甚至是所謂的部落活動給淹沒，我感覺每個人都想要分瓜一點點的我。」

同一時間，普萊斯也想設法釋出更多時間做他愛的事——教導和指導他人。可是，他的行程很滿。於是，他嘗試了一個有點極端的做法，把行事曆上的每一個會議通通刪除，附上一則訊息給會議發起人，提出以下三個選項：

一、要求會議發起人說明這場會議的目的、普萊斯在會議中的角色和責任，並明確說出他們希望普萊斯貢獻什麼。

二、要求發起人捍衛這場會議的目的，並建議普萊斯的團隊當中有誰可以代替他參加。

三、提議普萊斯或他的團隊成員或許都不需要出席，或甚至這場會議根本不需要召開。

「這種會議很可能不應該存在，卻還是存在著。透過這個方法，有超過三分之一以上的會議再也沒出現在我的行事曆。這種會議會存在，只是因為它去年存在。因為人們永遠不會刪除會議，只會不斷增加會議。」

這個策略不但讓普萊斯的行事曆多出許多時間，他也能夠參加那些確實知道他的角色和責任的會議。普萊斯表示，純粹要求會議發起人表明他的角色，就能大幅減少他的認知承載量（更別說讓會議變得更有效率和成效）。現在，他知道自己在會議上是要提出挑戰、做出貢獻、刺激思想或是做其他事。

「假如你不說清楚我的角色是什麼，我就只能猜測我為什麼會在這裡，而我很有可能猜錯。我確實曾經猜錯過。因為我有太多會議要開，我便開啟自動駕駛模式。現在，我的會議變少了，要參加的會議專注在明確的目的上，因此我相信我對這些會議的貢獻增加了。然後，我爭取到更多時間去做我愛的事，也就是教導和指導他人。」

實際演練

1. 刪除行事曆所有的會議，同時附上一則訊息給發起人，提出三個選項：
   - 第一個選項是請他們重新邀請你，但要明確說出會議的目的和他們希望你扮演的角色。
   - 第二個選項是讓其他人代替你，你自己不用參加。
   - 第三個選項是你再也不需要參加這場會議，或更好的做法是，這場會議根本不需要存在。

別再浪費每個人的時間——包括你自己的

在二〇一八年，安德魯．巴恩斯（Andrew Barnes）經營的遺產規畫公司「永恆守護者」（Perpetual Guardian）因為永久採行週休三日而出現在世界各地的頭條新聞。週休三日的概念簡單來說，就是靠百分之八十的工時達成百分之百的生產力，以獲得百分之百的薪酬。換句話說，員工只要工作四個正常八小時的工作天，就能得到全職薪水，前提是他們能夠完成以前在五個工作天應該完成的工作。這就像是工作烏托邦，但卻實際存在。

巴恩斯推行週休三日制時，知道有很多事必須改變。巴恩斯解釋：「你運用時間的方式不再只是你個人的責任。你也必須想想自己是如何花費他人的時間，因為假如我邀請團隊成員參加他們不需要參加的會議，浪費一堆人的時間，結果就是我們無法達成生產力目標，危及所有人的週休三日權益。所以這是雙向的：我不會浪費你的時間，你也不要浪費我的時間。」

針對會議實施一些規定，可協助人們謹慎思考如何更有效率運用自己與他人的時間。例如，永恆守護者公司的會議通常都是一個小時，巴恩斯坦承會議沒理由預設成一個小時，只是因為線上行事曆的預設值是這麼長罷了。

為了保護大家的時間，員工引進了一條規則，限制會議不得超過三十分鐘。「這表示開會的方式有幾個地方必須改變。你一定要有議程、一定要專心、不能為了拖時間而拖時間。」

除此之外，因為把焦點放在生產力和結果，員工被明確允許挑選自己要參加的會議。「如果與你無關，就別參加。這條規則可以避免每個人都出席，卻沒有任何人發言，也沒有任何人真的從中得到任何東西的情形。」

週休三日制迫使員工謹慎刻意地思考自己如何運用時間。如果你出席每一場受邀參加的會議，那麼你可能就沒辦法在四天內完成自己的工作。你可能得工作五天。因此，這個時間限制要每個人大膽地問每一場會議對於實現目標來說有多重要。

微軟在日本宣布試驗週休三日制時，也呼應了巴恩斯針對會議和尊重他人時間的規則。他們有三個規定。第一，你必須使用微軟通訊軟體Microsoft Teams開會；第二，所有的會議都不能超過半小時；第三，所有的會議都不能邀請超過五個人。光是這三個規定，就讓生產力提高百分之三十九點九。我猜，快樂指數也飆高了。

實際演練

1. 在排定會議或邀請他人之前，問自己：「每個人都真的需要參加這場會議嗎？」

2. 考慮減少每場會議的長度和參加的人數。

3. 最後，讓出席者自行決定是否出席會議。如果他們覺得自己無法貢獻什麼，或者參加這場會議不能協助他們實現目標，就允許他們拒絕參加。

用影片取代會議

過去一個月以來，你參加過多少場聽別人報告工作進度的會議？如果你跟大部分的人一樣，答案很可能是不少。此外，你也很有可能在會議中花了寶貴的時間，卻只是在接收資訊，而非積極參與。這些會議不只消耗了許多寶貴的工作時間，還打斷工作天的流暢和效率。此外，會議都很枯燥乏味（除非有人買甜甜圈分給大家，但是這也只讓會議變好一點點而已）。

喬布・范德・沃特（Job van der Voort）是遠距人才招募公司Remote.com的共同創辦人兼CEO，他的公司負責協助企業輕輕鬆鬆合法雇用全球人才。因此，不叫人意外的是，Remote.com是以遠距辦公為主的組織，也就是沒有人會需要在一個核心地點的實體辦公室工作。

范德．沃特針對如何改善會議做了很多思考，這對像他這樣的公司來說非常重要，因為他的員工在世界各地不同的時區工作。在Remote.com，溝通方式是預設為非同步的類型，也就是如電子郵件等非即時的溝通。雖然還是會召開一些會議，包括一場固定的全體員工會議，但是Remote.com的員工會盡量避免安排冗長或重複的會議。

Remote.com的固定全體員工會議只有三十分鐘，但是這場會議獨特的地方在於，領導階層和團隊部門不會現場報告近況，而是事先用影片把所有的資訊錄下來。

范德．沃特解釋：「大家會把自己的進度報告都放在同一個地方，可能是用影片的形式，有時候也可能只是簡短的手寫報告。大家的影片通常最多不會超過五分鐘，因此這些報告都很短，可以讓人快速了解整個組織在做些什麼。」進度報告是以部門區分，所以假設你前幾天剛到Remote.com上班，想看看銷售部門現在在做什麼，你可以登入內部網路觀看那支影片。

范德．沃特承認，他花了一些時間鼓勵大家錄下進度報告。「現在大家都有固定在做這件事，這變成一個很棒的資訊來源，讓人不必深入尋找文件，就能夠一窺事情目前的狀態。你只要觀看一支影片或甚至閱讀一份逐字稿就好了，而且這還會帶來某種程度的個人色彩，因為你知道這是屬於哪一個部門或來自哪一個企畫。」

在Remote.com，錄製影片除了是很有效的資訊分享方式（特別是對在不同時區工作的人來說），也能取代很多會議。范德．沃特解釋：「昨天有個新同事開始跟我一起共事，我沒有安排長達一小時的會議，而是錄了幾支影片。」

實際演練

1. 安排會議之前，想想這能不能以影片或電子郵件取代（很多時候很可能是可以的）。或者，你可以結合這兩者：事先準備影片讓人們自己找時間觀看，然後在會議上檢視任何需要討論的東西。
2. 選擇可以讓你輕鬆錄製影片的軟體。寫下這段文字時，Remote.com的員工用的是線上會議錄影工具Loom。Loom可以錄製你的螢幕畫面、錄下你自己，或者結合這兩者，同時錄製電腦視窗和你正在說話的小影像。
3. 把所有影片分享到一個中央資料庫，例如組織內部的網路。這樣每個人都能在適合自己的時間獲取進度更新的消息。

一次開完大量會議

現在是星期二下午，你在四十分鐘後有一場會議。你快要被工作淹沒，卻不知道開會前怎麼運用時間才是最好的。你考慮開始準備明天要發表的大型銷售簡報，卻決定還是不要，因為你不想要進入狀態之後，又被這場會議打斷。你想想其他幾個需要完成的大型事項，但是又告訴自己不應該現在開始做，因為你至少需要一小時才能真正有所進展。

你隨意瀏覽收件匣，完成了一些沒有意義、但是當下令你感覺很好的任務：刪掉一堆你根本不知道自己有訂閱的電子報；快速讀完幾封其實不需要收到副本的電子郵件（害你浪費寶貴的時間閱讀）；掃過幾封一直想要處理但是沒有時間這麼做的電子郵件。

你看看時鐘——開會時間到了！看哪，你剛剛成功浪費這一天的四十分鐘。

一次大量處理電子郵件（一天只檢查電子信箱兩到三次）已經成為常見的生產力訣竅；一次開完大量會議也有可能為效率帶來同樣重大的影響。

俄亥俄州立大學的研究顯示，如果你一、兩個小時之後有會議要開，你所能完成的工作會比沒有會議要開時減少百分之二十二。知道自己即將被一件大事打斷，很難讓人進入狀態。

這恰好也是亞當・格蘭特最喜歡的研究之一。他發現，這驗證了他刻意安排自己在學校工作的日子的方式。「在教書日，我會把所有的辦公室時段（跟學生見面的時間）排在一起。我也學到我需要一點緩衝時間，因此我會在兩次會面之間安排五分鐘檢查電子信箱，或以防前一次會面持續的時間比預期的還要久。」格蘭特除了安排辦公室會面日，也有完全不安排會面的日子，這樣他就可以真正專注在研究和寫作上，提高生產力。

實際演練

1. 考慮為自己創造一些規則，在某些時候不安排或不接受任何會議。例如，假如你早上頭腦最清醒，就每個星期安排幾個沒有會議的早晨。把會議全部排在下午就能做到這點。
2. 假如你對自己的行事曆掌控有限，可以跟上司或其他把會議排進你行事曆的人聊聊，告訴他們一次開完大量會議能夠提升生產力。你可以不要在行事曆安排沒有會議的時段，而是嘗試相反的做法，在一週的行事曆當中挪出幾個只用來開會的時段。例如，下午一到三點我們容易頭腦不清楚時，就很適合召開較不需要認知能力的會議，如工作進度會議或每日站立會議。

更有效率的會議公式

電子郵件軟體公司Superhuman的創立者兼CEO拉胡爾．沃赫拉認為，大部分的團隊開會都很沒效率。他說，會議議程通常不存在，要不然就是非常概要。某些主題有討論到，有些主題則完全沒有。太多時間被浪費在不重要的議題，但是更重要的問題卻可能好幾個星期都沒有人留意。

沃赫拉說，使Superhuman的會議盡可能有效率且有意義的元素共有三個。第一個規則是，如果有人想要在團隊會議上提出討論的主題，他們一定要在前一天下午六點前寫下來分享給團隊成員。

沃赫拉解釋：「我們應該避免討論沒有寫下來的東西，因為我們閱讀的速度比說話的速度快很多。如果只是在團隊會議上傳達某些想法，那顯然很沒效率，因為你大可事先寫下來，讓每個人先閱讀。」除了速度的問題，特別會說話的人也會不經意（或者也可能故意）讓人們對他們的點子產生偏好，進而對沒有說話天分的人不利。

沃赫拉的第二個規則是，如果有人想要在團隊會議上發言，他們一定要事先閱讀和評論相關文件。他認為這個策略不僅可節省時間，也能表示尊重。

「我們應該避免評論我們沒有花時間了解的東西，因為這會不必要地浪費有這麼做的人的時間。某個人寫了一份文件，說：『這是問題，這是解決方法。』但是只有一半的團隊成員閱讀，這樣是不夠的。如果是這樣——有時候那是因為某幾個星期比較忙碌——那麼沒有閱讀文件的人就不能參與討論。這樣做的結果是，會議進展得非常快。」

研究顯示，沃赫拉的這個策略應該會帶來更好的決策。雖然很多人相信直覺比較準確，但其實如果有比較多反思的時間，對我們會比較好。

在一個由紐約大學史登商學院的賈斯汀．克魯格教授所率領的研究中，研究人員想要知道，學生在選擇題的考試中一開始選的答案，是否比後來改變心意換的答案還要容易答對。[24]研究人員特別挑出把一開始的答案擦掉的例子。

克魯格和他的同事發現，學生如果換回原本的答案，他們比較有可能答錯，這稱作「第一直覺謬誤」；反之，如果他們沒有換回原本的答案，就比較有可能答對。這個數據帶出兩個議題：第一，像沃赫拉這樣在開會前給人們額外的時間思索自己的決定，會帶來更好的決策，避免成為第一直覺謬誤（當場做出決定）的受害者；第二，我在大學時期經歷選擇題考試的折磨時，怎麼不知道有這個研究？

成功且有效率的會議的最後一個規則是，如果要在團隊會議上討論一件事，最多只能討論五分鐘。假如五分鐘內無法達成共識，對話就要停止，並指派一個決策者。

沃赫拉把決定分成可逆和不可逆兩類。可逆的決定所涉及的風險較低，如果做了一個不好的決定，很容易就能進行軸轉，採取另一個路徑；不可逆的決定風險較高，若做出錯誤決定的話，可能會讓公司付出很大的代價。

身為CEO的沃赫拉負責做出所有的不可逆決定，可逆決定則會分派給團隊成員。這是讓員工感覺自己被賦予力量的好方法，應該會對他們的整體工作滿意度產生流動效應。「開完會後，決策者會蒐集所有必要的資訊，在下次團隊會議前做出決定。」這可以避免人們不想做出決定，尤其是困難的決定。

「我們發現，應用這些策略之後，每個人的速度都變快了。每件事最多只花五分鐘，這樣一個小時的會議就能決定十件事，還有很多時間打屁嬉鬧。」

實際演練

1. 針對團隊會議，請團隊成員至少在開會前一天，在共享檔案的手寫議程中添加任何他們想要討論的事項。請他們明確說出自己想要談論什麼，並補充任何必要的背景資訊，好讓團隊可以加快速度。一開始，你可能會被視為會議中獨斷專行的墨索里尼，但團隊成員一旦了解你是在創造有效率的會議，就會感謝你。

2. 請所有的團隊成員閱讀議程內容，以及跟不同的討論議題有關的任何閱讀素材。
3. 開會時，只讓有先預讀的人評論。
4. 如果討論五分鐘後還不能做出決定，領袖應負責做出任何不可逆決定，可逆決定則分派給團隊的某個人。所有決定都應該在下次團隊會議前做出。
5. 針對下一次的會議，在議程中添加需要做出的決定，以免拖延決策。

你需要「待討論清單」

如果你很熟悉敏捷這個概念，那你很可能跟「看板」是好朋友。快速複習一下：所謂的看板是一個簡單的圖表，可以把一個企畫的工作流程視覺化。最基礎的看板有三個欄位：待辦、進行中、已完成；跟一個企畫有關的所有任務都是從待辦欄位開始，然後慢慢移到已完成欄位。

喬治城大學的教授卡爾．紐波特很喜歡看板，還為自己在生活中的不同角色建立了好幾個看板。他有寫作看板、電腦科學研究看板、學校行政作業看板以及研究所主管這個角色的看板。我喜歡偷偷想像他也有一個追蹤孩子做家事的看板（如果我要把這應用在跟我女兒的家庭生活，「整理房間」恐怕鮮少移到已完成欄位）。

使用看板管理個別企畫雖然不是什麼新概念（上網搜尋「個人看板」就能獲得許多啟發），但我覺得紐波特使用的分類很有趣。

針對研究所主管這個角色（他要跟很多不同的人進行協調與談話），紐波特建立了一個稱作「待討論」的欄位。紐波特在《我是如何工作》的節目上向我解釋：「我發現有一個待討論欄位可以讓我省下很多使用電子郵件溝通的時間。」紐波特每次有什麼事需要詢問部門主席或課程行政人員或其他跟他共事的任何人，他會忍著不當下寄送電子郵件，而是在看板上列出需要討論的主題。

「雖然當下寄出電子郵件會讓我卸下一點重擔，可以這些信件全都是未排定時間的新訊息和未排定時間的新回覆。接著，這有可能會演變成一連串來來回回漫長的未排定訊息，而我在為我的書《沒有Email的世界》進行研究時，學到這對生產力有害。」

最後，紐波特為經常需要跟他討論重要議題的幾個人建立了待討論欄位。然後，每當他下次跟他們開會時，就能快速把議題討論完，立刻解決——這樣運用時間比較聰明，也比較有效率。「等到下次會議再討論，這個簡單的舉動大概就能省下我一個星期好幾十封未排定的電子郵件。因此，這是那個職位很棒的生產力省時訣竅。」

現在，你讀到這裡可能會想：「可是，馬上撰寫一封電子郵件方便多了。」尤其如果這件事很急迫的話。然而，紐波特認為我們常常高估急迫真正的定義。

「當人們認為自己現在就需要得到回應，那往往是因為他們不想追蹤。『我現在就想要得到回應，因為我不知道你會不會回信，但是我又不夠有條有理，可以持續追蹤卡爾有沒有回覆這件事。所以，我要寄這封電子郵件給你，立刻得到回覆，這樣我需要擔心的事情就會少一件。』」

利用待討論欄位可以幫助你追蹤需要詢問他人的事，同時移除馬上寄送電子郵件的衝動——這些信件感覺很急迫，但事實上只是創造更多工作，又沒有讓你更快解決問題。

實際演練

1. 在你的待辦清單建立一個新的「待討論」區塊。或者，如果你很喜歡使用看板，就在待辦、進行中、已完成這三個欄位旁邊添加一個待討論欄位。你甚至可以依照你經常溝通的那些人建立好幾個不同的待討論清單。

2. 跟對方見面開會時，拿出待討論清單一一討論上面的事項。假如你跟對方沒有排定會議，就等到清單上累積了幾件事，再安排見面時間。

把電子信箱當成剛洗好的衣服

蘿拉．梅．馬丁十幾年前開始在Google工作時，展開了20％計畫，也就是Google員工一週可以花一天在自己設定的計畫上。馬丁利用這個時間研發一套關於有效管理收件匣的內部訓練課程（哇，夢想中的工作！）。總共有數千位Google員工上了這堂課。後來，馬丁把她熱愛的計畫轉變為執行生產力顧問這個全職職位（好，這真的是我的夢想工作），一對一協助Google的主管階層變得更有生產力。

馬丁把電子信箱比喻成剛洗好的衣服。「假裝你的烘衣機就是你的收件匣。想想看大部分的人現在是怎麼處理電子郵件的：他們會伸進烘衣機拿一件衣服，摺起來，然後一路走到衣櫃，接著再走回來。」

「接著，他可能發現有一件褲子還是濕的，於是他們想：『噢，那就丟回去跟其他乾衣服放在一起。』如果是收件匣，這封信可能會被標示為未讀，因為你現在不想處理它。接著，你找到一隻襪子，不知道另一隻在哪裡，但你還是把它收起來，即使你知道你之後得再回頭處理。到最後，你會想：『我要重新啟動烘衣機，明天再來看。』」

馬丁解釋，電子郵件會讓人備感壓力，原因就在於人們用這種方式對待收件匣——挑來挑去。馬丁說，人們必須像對待烘衣機那樣對待電子信箱——把烘衣機清空，然後拿出所有衣物、放成一堆，接著一件一件摺起來，收進衣櫃。」

對馬丁來說，打開收件匣是她刻意做的決定，她不會毫無目標地看東看西。為了讓自己更有生產力，她在檢視電子信箱時會使用一套非常明確的工作流程。

首先，馬丁會把所有新收到的電子郵件分成三堆（以Gmail為例，就是三個不同的標籤或收件匣。第一堆是「待辦」，也就是她需要自己處理、不需要他人貢獻任何心力的東西；第二堆是「等待中的待辦」，也就是她需要處理、但是要等別人貢獻心力或回應才能處理的東西；最後一堆是她必須閱讀的電子郵件。

馬丁會在一天的開始打開收件匣，按照時間順序，把所有新收到的電子郵件進行分類，使收件匣歸零。「我會使用自動推進這個功能。這會強迫我閱讀下一封信，而不是回到烘衣機，挑出我覺得看起來很閃亮亮的東西。」接著，每一封電子郵件都會分到三個類別的其中一堆或是歸檔。

在處理這三堆電子郵件時，馬丁會根據自己的精神狀態來選擇任務。「假如我有不受打擾的兩個小時，我知道我可以深入處理待辦這一堆，我就會打開那個資料夾，其他的收件匣都不看。我只把注意力放在需要摺的那一堆衣服，然後把它們一件一件摺起來。」這番話讓她聽起來很像家事女神，但她其實是電子郵件達人。

下午精神較差時，馬丁會利用這個時間查看「閱讀」資料夾的信件；一天接近尾聲時，她會到「等待中的待辦」資料夾，看看有沒有任何信件阻礙她的進展，能夠現在處理，或者有沒有任何信件有時間限制，需要趕快完成。

馬丁說，關於電子信箱，她只有兩條規則。「把它當成剛洗好的衣服，一天處理一到兩次。我不建議你只檢查電子信箱一次，因為對很多人來說，這很不切實際。比方說，你可能會錯過跟下一場會議有關的資訊。所以，你可以打開收件匣，但是如果你有排定什麼時候工作，時間到就要把它關起來。」

實際演練

1. 在電子信箱建立多個收件匣，分別標為待辦、等待中的待辦、閱讀。
2. 一天當中第一次打開收件匣時（或者你也可以在一天的尾聲這麼做），把所有的電子郵件歸類到這三個資料夾裡。
3. 在精力充沛的時段處理待辦資料夾。

4. 在精神較差時查看閱讀資料夾。
5. 每一兩天檢查等待中的待辦資料夾，看看有沒有什麼需要趕的。
6. 一天至少關掉收件匣一次，讓你有不受打擾的時間可進行深度專注的工作。

減少時間浪費的簡單策略

根據帕金森定律，一項任務會佔滿可以用來完成它的時間。因此，假設你有一份報告要撰寫，你安排半天的時間來完成，那麼它就很有可能會花你半天的時間。

阿舒托什・普里亞達希是協助使用者規畫一天行程的軟體Sunsama的創辦人，他花了很多時間思考帕金森定律和生產力。他解釋：「我覺得，我所看過的帕金森定律最有趣的一種應用方式，就是為某一件事擇定少到不行的時間，然後試著在這麼短的時間內解決這件事情。」

在創辦Sunsama的初期，普里亞達希的團隊經常會安排兩天的衝刺研發新功能。星期一早上，普里亞達希會宣布他想研發什麼，然後在星期二晚上之前，團隊會準備好把新功能發布在網站上。接著，團隊會在星期三和星期四重複這個過程。

「為了做到這點，我們必須想辦法把我們認為很困難的問題，分解成可以在兩天內做完的多個事項。」

或許很令人意外的是，強迫自己用很快的速度工作和思考，可以改善我們的心情。[25]在一項研究中，有一群大學生被要求完成逐字稿，內容是關於學校該如何改善課程的建議。受試者拿到的音檔速度不是有一點快，就是比一般閱讀速度慢很多。拿到速度快的音檔的那一組學生被迫閱讀、思考、工作得更快，後來他們回報的快樂感受，比速度較慢的那一組明顯較高。

在我自己的生活中，我也曾實驗用非常少的時間強迫自己提高生產力。舉例來說，我定期會替《哈佛商業評論》（*Harvard Business Review*）、雅虎財經頻道（Yahoo! Finance）和《澳大利亞金融評論報》（*Australian Financial Review*）等不同的刊物寫文章。我可以花好幾個小時撰寫和潤飾一篇文章，但是我選擇在行事曆上只圈出一個小時，強迫自己在這段時間完成第一份草稿。我還在書桌上放一個時鐘，倒數每一分鐘。

我發現，利用自訂的時間限制可以讓我非常專注，就好像我在跟時鐘賽跑，決心要贏一樣。如果你曾經跟我玩過桌遊，你就知道我這個人非常好勝。

香港大學的萬雯曾領頭進行一些不尋常的研究，證實我的「跟時鐘賽跑」策略其實是有科學支持的。[26]萬雯發現，假如周遭有看得到的時鐘，人們比較有辦法維持一整天的精力。看見時鐘會帶給我們一種急迫感，而這種急迫感能協助我們保持動力。

普里亞達希解釋，沒有緊迫的時間限制，我們很容易消極地進行工作，浪費很多時間。「但是，如果你對自己下了承諾，你就可以挑戰自己。我認為，有成效和生產力的行為便是要設定基本上像目標一樣的東西去奮鬥。」

你可能會以為，為了在這麼短的時間達成極高的生產力，普里亞達希一定得封鎖所有令人分心的數位裝置。但，他選擇的方法是忽視它們。「我沒有把心力專注在我不想做的事情，像是不看推特或即時通訊軟體Slack，而是試著把所有的精力投注在我想做的事情。」

普里亞達希也會告訴同事他這一整天打算完成什麼，這樣就能創造問責性。把時間限制和問責性結合起來，自然就能促使普里亞達希將時間、精力和注意力放在他真正想做的工作。

「我很有動力去做我說我想做的事，所以我並不是完全不會看社群媒體或即時通訊軟體，我也是會，但是我有辦法放下那些東西，回到我想做的事情上，因為我有目標，也有對自己和同事的承諾。」

實際演練

1. 選一個你今天必須完成的任務，最好是通常至少會花你幾個小時的事情。
2. 挑戰自己在一半的時間內完成。
3. 在行事曆圈出這個時段。
4. 如果這樣做有幫助，你也可以跟別人說你的目標是什麼，以創造額外的問責性。

透過助推理論改變行為

我女兒有一個習慣，那就是要帶好幾百個娃娃一起上床睡覺（這當然是誇飾法，其實只有二十個左右，超好應付）。我現在正試著改變她的行為，要她只帶一個娃娃就好。可是，改變行為有時很難，這不見得是因為改變行為本身很難，而是因為我們往往用錯了方式。

我們很容易以為，要改變根深蒂固的行為，就得做出很大的改變或運用所有的意志力。但是根據助推理論，對我們的環境做出細微的改變就能幾乎不費吹灰之力地帶來重大的改變。

網頁製作平台WordPress和網頁程式設計公司Automattic的共同創辦人馬特・穆倫維格（Matt Mullenweg）常常思考，他能夠在自己的生活中做出什麼微小的行為變化，以帶來巨大的報償。穆倫維格說：「假如早上醒來時，最靠近我的東西是電子書閱讀器Kindle，而不是手機，我就比較有可能閱讀；而假如手機是放在Kindle上，我就比較有可能看手機。假如我能顛倒順序，結果就會好一點。我覺得，我們可以看看生活中的每一個層面，然後說：『好，我可以這樣做，把我想做的事情變得更容易做到。』」

穆倫維格也會在生活中做相反的事。如果他試著進行深度專注的工作，想要消除令人分心的數位誘惑，他就會關掉wi-fi的總開關。這會使他比較不容易因上網而分心，因為他得站起來走到數據機前打開開關，然後等幾分鐘讓它重新連上網。

賓夕法尼亞大學的保羅・羅津（Paul Rozin）所率領的研究也支持穆倫維格的策略，證明稍微改變放置物品的地方就能帶來重大的行為改變。[27]在其中一項研究中，羅津和同事更動沙拉吧食物和盛菜器具的位置。他們發現，一樣食物若改到離客人站的位置多二十五公分遠的地方，人們選擇這樣食物的可能性就少百分之十到十五。同樣地，如果只有湯匙、沒有夾子可用，人們比較不會選擇使用夾子比較好拿的食物。

在《Google超級用人學》（*Work Rules*）這本書中，曾經在Google擔任資深人資副總的拉茲洛．博克（Laszlo Bock）描述了他試著讓Google員工吃得更健康的實驗。在其中一個例子，健康的零嘴被放在公司零食櫃的透明容器中，與雙眼同高，而不健康的零嘴則放在不透明的容器中，比較接近地面。這簡單的變化就造成人們攝取的卡路里減少百分之三十、糖果和脂肪的攝取量下降百分之四十。

想想你有什麼習慣希望改變，並思考你可以對環境做出什麼變化，使你更能夠善用時間。看看生活中的每一個層面，問自己：「我可以改變什麼，把我想做的事情變得更容易做到、不想做的事情變得更難做到？」

我一定要叫我女兒讀這一節，然後設計一個娃娃數量限制策略，做為她二年級的學校作業之一。

實際演練

1. 想想你有什麼想要改變的行為，你可能想多做某些事或少做某些事。
2. 如果你想多做某些事，你可以思考如何重新設計你的環境，使你更容易做出那個行為，就像穆倫維格把Kindle放在手機上那樣。
3. 如果你希望少做某個行為，就試著想想你可以改變環境中的什麼東西，使你更難做出那個行為，就像Google把不健康的食物放在靠近地面的不透明容器那樣。

不再忘記自己讀過的東西

大部分的人都需要為了工作閱讀某些東西，有些人必須讀得比其他人多。如果是非小說或跟工作有關的素材，我通常可以讀得很快，某個月可能有辦法讀六本書以上和一堆期刊文章，但是下一個月卻只讀一本小說。可是，在快速閱讀的那些月份，我時常難以記住我在飛快讀完的書籍和文章中想要記得的一切資訊。

著有暢銷書《超速學習》（*Ultralearning*）的史考特．楊（Scott Young）非常喜歡研究學習過程，將之最佳化以替他帶來好處。有效率的學習最為重要的其中一個面向就是擷取，也就是大腦找到它學到的資訊的過程。諷刺的是，告訴我們擷取資訊有多重要的那個地方——學校——其實沒有教我們怎麼樣更擅長這件事，因為他們認為累積比擷取知識更重要，而這使我們一輩子都沒辦法充分利用自己學到的東西。這顯然非常沒有效率。

有關記憶的研究，楊最喜歡普渡大學的傑佛瑞．卡派克（Jeffrey Karpicke）和珍妮爾・布朗特（Janell Blunt）所做的研究。[28]研究人員將受試者分成不同組別，請他們使用不同的方法研讀一個文本；受試者知道之後要回答關於文本的問題。

其中一組被要求反覆檢視文本，不斷閱讀材料，直到他們覺得自己已經學會所有的內容。另外一組被要求進行自由回想，讀一遍文本之後，把書闔上，然後試著回憶文本涵蓋的一切內容。

然而跟許多偉大的心理學研究和吉莉安・弗琳（Gillian Flynn）的小說一樣，這其中出現了令人意外的轉折（雖然沒有電影《控制》（*Gone Girl*）的情節出現的轉折那麼驚人，但還是一個轉折）。進行測驗之前，研究人員問受試者他們覺得自己學習文本資訊學得好不好；反覆檢視文本的那一組給了自己很高分，被規定自由回想的那一組給了自己很低分。畢竟，只讀一次文本就要試著回想內容很困難，對吧？

但測驗結果恰恰相反；進行自由回想的人表現得比進行反覆檢視的人還要好。因此，如果想要改善記住一件事的能力，你必須練習記憶，而不是單純閱讀。

這個研究改變了楊的閱讀方式。以前，他跟我們許多人一樣總是被動閱讀。當然，在為《超速學習》這本書做研究時，他有用螢光筆畫出期刊文章的重點，感覺自己的閱讀過程很有生產力，但是他卻難以回想讀過的特定細節。

楊解釋：「我意識到，如果我要能夠實行我所提倡的東西，那我應該要練習擷取。於是，我開始在存放期刊文章的資料夾裡放幾張空白紙，讀完文章之後，我試著做出總結。我試著總結文章的內容、文章的發現以及我可能可以寫進書裡的東西。」

對楊來說，這大幅改善了他記住自己所閱讀的東西的能力。他也發現，自己在閱讀時變得更主動，因為他知道之後要進行自由回想。

實際演練

1. 下次開始閱讀一篇文章或一本書之前，告訴自己讀完後，你要寫下你記得的所有內容。
2. 接著，讀完文本後，打開一個空白的檔案或拿一張空白紙，寫下你所學到的內容。
3. 如果你感覺你的總結少了一些東西，你可以回去看文本，直接把漏掉的東西寫進去。或是進行第二次自由回想測驗，把第二次閱讀記住的額外細節補充進去。

滑鼠可以給你生產力超能力

如果你一整天大部分的時間都坐在電腦前，你的滑鼠很可能動了不少——轉換視窗或應用程式、畫出文本重點、複製貼上或上下捲動頁面。但是，你或許沒想過這個不起眼的小東西其實會妨礙你的速度。

拉胡爾．沃赫拉是電子郵件軟體Superhuman的創立者兼CEO，這個軟體聲稱可以創造世界上最快的電子郵件體驗（身為忠誠的Superhuman使用者，我絕對可以保證這不是吹牛）。沃赫拉是一個設計師和企業家，每天都花很多時間在電腦前，他也為自己和Superhuman想了很多關於生產力的問題。他把Superhuman設計成能夠讓人飛快穿梭在電子郵件之間的其中一個方法，就跟滑鼠有關。

沃赫拉告訴我：「我使用Superhuman的時候幾乎不會碰觸滑鼠，因為我們設計Superhuman的方式讓你可以透過鍵盤做任何事，你可以完全只靠打字飛快地穿梭在收件匣中。我使用所有的軟體幾乎都遵守這個規則。我會學習那些快捷鍵，進而變得更有效率和生產力。」

他解釋，如果我們太依賴滑鼠，速度就會因為移動滑鼠而慢下來，因為大腦必須進行移動手肘、手腕和手指的機械運動。我們幾乎是無意識地在做這件事。但是，大部分的人都不會去想我們每天多常使用滑鼠（在跟沃赫拉談話之前，我確實沒想過）。

沃赫拉說，他使用Superhuman的方式就像彈鋼琴一樣，只會用到手指。「那帶來很高的效率。」

減少使用滑鼠的關鍵不是少餵它吃一些乳酪，而是投入時間學習快捷鍵。沃赫拉非常沉迷這件事。假如說，在星期六晚上學習新的快捷鍵不是你對快樂時光的定義，那麼好消息是，大部分的軟體都使用一套共同的快捷鍵。

沃赫拉表示：「一旦養成肌肉記憶，你就能非常直覺地學會任何應用程式的快捷鍵。」比方說，你可能知道Command或Control鍵加C和Command或Control鍵加V可以讓你複製貼上文字或圖片，Command或Control鍵加B、I、U分別可以讓你把文字變成粗體、斜體和畫底線；這些指令幾乎所有的軟體都適用。幸運的是，你花時間學習的其他快捷鍵在大部分的軟體也都適用，可以為你正在進行的任何工作增進生產力。

實際演練

1. 今天使用電腦時，留意你最依賴滑鼠做哪些事，如按下撰寫新郵件的按鍵、上下捲動網頁或開關視窗。

2. 列出這些常見的動作，搜尋這些動作的快捷鍵。

3. 在接下來的兩週，每天學一個新的快捷鍵。反覆練習可以把動作自動化，但如果你還不熟悉或習慣某個快捷鍵（也就是你有時候還是會用滑鼠完成一個動作），就不要學新的，直到目前學的這一個嵌進肌肉記憶中為止。

效率複習

❑殺死殭屍

問自己：「我在進行的企畫或固定要開的會議有哪些沒有產生價值？」若是固定要開的會議，問自己：「我們這麼頻繁地開會有必要嗎？或者，這個會議能不能透過電子郵件或非同步的更新方式完成？」

殺死殭屍——刪掉這些企畫、活動和會議。

❑三十原則

列出你一年做超過三十次的所有活動，嘗試把它們外包或自動化。以固定規則為基礎（或可以找出固定規則）的活動最適合自動化，重複但不總是遵循一模一樣規則的活動則比較適合外包。

要將活動自動化，尋找可以提供協助的軟體；若要外包活動，你可以把任務交給公司的某個人或虛擬助理。

❑把預設值改為電話、而非咖啡

下次收到喝咖啡的邀請時，思考你是否真的想答應。如果你真的想要幫助對方或跟他見面，就在通勤或每日散步等閒置的時段排定時間跟對方通話。

❑刪除所有的會議

刪除行事曆所有的會議，同時附上一則訊息給發起人，提出三個選項：第一個選項是請他們重新邀請你，但要明確說出會議的目的和他們希望你扮演的角色；第二個選項是讓其他人代替你，你自己不用參加；第三個選項是你再也不需要參加這場會議，或更好的做法是，這場會議根本不需要存在。

❑不要鼓勵出席會議

在排定會議或邀請他人之前，問自己：「每個人都真的需要參加這場會議嗎？」讓出席者自行決定是否出席會議。如果他們覺得自己無法貢獻什麼，或者參加這場會議不能協助他們實現目標，就允許他們拒絕參加。

❑使用影片而非會議

安排會議之前，想想這能不能以影片（或電子郵件）取代。或者，你可以思考結合這兩者的好處：事先準備影片讓人們自己找時間觀看，然後在會議上討論。

❑一次開完大量會議

考慮為自己創造一些不安排或接受任何會議的規則。例如，假如你早上頭腦最清醒，就每個星期安排幾個沒有會議的早晨。

假如你對自己的行事曆掌控有限，可以跟把會議排進你行事曆的人聊聊，告訴他們一次開完大量會議能夠提升生產力。你可以不要在行事曆安排沒有會議的時段，而是嘗試相反的做法，在一週的行事曆當中挪出幾個只用來開會的時段。

❑要求開會前事先閱讀材料並快速做出決定

請團隊成員在開會前一天，在共享檔案的手寫議程中添加想要討論的事項。所有的團隊成員都必須事先閱讀這份文件，在會議上只讓有先預讀的人評論。如果討論五分鐘後還不能做出決定，領袖應負責做出任何不可逆決定，可逆決定則分派給團隊的某個人。所有決定都應該在下次團隊會議前做出。

☐待討論清單

建立一個新的清單，稱作「待討論」清單。你甚至可以依照你經常溝通的那些人建立好幾個待討論清單。

跟對方見面開會時，拿出待討論清單一一討論上面的事項。假如你跟對方沒有排定會議，就等到清單上累積了幾件事，再安排見面時間。

☐三標籤收件匣

在電子信箱建立多個收件匣，分別標為待辦、等待中的待辦、閱讀。一天當中第一次打開收件匣時，把所有的電子郵件歸類到這三個資料夾裡。

在精力充沛的時段處理待辦資料夾；在精神較差時查看閱讀資料夾；每一兩天檢查等待中的待辦資料夾，看看有沒有什麼需要趕的。

☐極端限時

選一個你今天必須完成的任務，最好是通常至少會花你幾個小時的事情。挑戰自己在一半的時間內完成。在行事曆圈出這個時段。

❑透過助推理論做出改變

想想你有什麼想要改變的行為。如果你想多做某些事，你可以思考如何重新設計你的環境，使你更容易做出那個行為；如果你希望少做某個行為，就試著想想你可以改變環境中的什麼東西，使你更難做出那個行為。

❑自由回想策略

下次讀完一篇文章或一本書時，試著寫下你記得的所有內容。如果你感覺你的總結少了一些東西，你可以回去看文本，直接把漏掉的東西寫進去，或是進行第二次自由回想測驗，把第二次閱讀記住的額外細節補充進去。

❑精通快捷鍵

使用電腦時，留意你最依賴滑鼠做哪些事。列出這些常見的動作，搜尋執行這些動作的快捷鍵。在接下來的兩週，每天學一個新的快捷鍵。

我以前有手機成癮症，在任何可能使我感到無聊的情況，手機是我的依靠。排隊買咖啡時，我會拿出手機；跟朋友吃晚餐，對方去上幾分鐘的廁所時，我會拿出手機；我早上起床第一件事、晚上睡前最後一件事，都是看手機；就連刷牙時，我都會檢查電子郵件或滑Instagram（我必須替自己辯護——刷牙真的沒什麼事好做）。

我這種行為持續了很多年，害我花了數千個小時在滑Instagram和臉書的動態。我永遠都不可能拿回那幾千個小時。

美國網紅行銷公司MediaKix在二〇一六年整理的研究顯示，我們每天使用手機的時間——將近兩小時——有一半左右是花在前五大社群網站（臉書、YouTube、Snapchat、Instagram和推特）。[29]一年下來，這相當於整整三十天。我們花了一個月的時間觀看、閱讀、滑動和點按很可能沒有顯著改善我們生活的事物。事實上，這可能還帶來了反效果；一份關於手機成癮症的研究回顧顯示，重度使用手機跟許多不良後果有關，如自我形象與自尊低落、神經質，更別提焦慮和壓力程度升高以及睡眠品質變差。30

手機成癮症是專注力的大敵。在這個章節，我們將探討世界上最成功的人士是如何戒掉數位成癮症，又是如何輕鬆進入狀態，並維持在那樣的狀態中。

你也會學到，陷入瓶頸時處理不開心的感受為什麼很重要。最後，我們會協助你重新思考拖延這件事。

利用行為設計改變你跟手機的關係

亞當．奧特花了很多時間思索他使用手機的方式。在二〇一七年，他便出版《欲罷不能》這本書來探討為什麼有這麼多人對數位裝置成癮。奧特是紐約大學史登商學院的行銷學教授。

奧特的工作就是研究行為學，因此他以為自己把跟手機的關係控制得很好。他告訴我：「我以為我一天只使用手機一個小時，但其實我用了三到四小時。」

發現自己每天花這麼多時間在手機上之後，奧特反思怎麼會這樣、他在哪些情況下容易使用手機。他驚覺，自己一整天下來都是不用移動就能拿到手機。

「就連睡覺時，手機也是在我的床邊。白天時，手機不是在我的口袋，就是在我的書桌。我的手機無時無刻都是隨時就能拿得到。我發現，我有很多時候會幾乎無意識地伸手拿起手機，然後就浪費十分鐘。」

這些十分鐘的時刻一整天下來便累積了不少。只要發生六次，你就毫不費力地失去了一小時。

因此，奧特開始利用行為設計重新設計他跟手機的關係。「這個概念就像建築師設計一棟建築或一座城市一樣。你是你的環境的建築師，而環境會改變你的行為。離你最遠的東西對你造成的影響，會比靠近你的東西還要小。」

奧特開始刻意為他自己和手機創造實體距離，只有在他有確切的目的時，才會把手機拿來身邊。在家裡，奧特會把手機放在跟他不一樣的房間；在辦公室，他會把手機鎖在文件櫃。

透過這些簡單的改變，奧特使用手機的時間少了百分之三十。

實際演練

1. 檢視你目前的手機行為，看看你每天花了多少時間使用它。幸好，科技公司讓我們很容易做到這點。到iPhone的設定畫面點選螢幕使用時間，就可以找到你的數據；若是安卓手機，則到設定畫面點選數位健康與家長監護，就能看出手機的使用狀況。

2. 思索什麼事情會讓你使用手機，以及在哪些情況下你最有可能使用手機。一天當中有沒有什麼時候使用率很高？你有沒有在哪些地點經常使用手機？在哪一些狀況下你最有可能拿起手機？

3. 利用行為設計的概念，想想你可以如何改變實體環境（例如白天和晚上要把手機放在哪裡），進而改變行為。更確切地說，你要想想手機在白天和晚上時要怎麼樣才會離你當下的位置更遠。

放置手機的定時儲物盒

現在是早上九點半，你正在趕報告。可是，你「卡關」了，於是決定拿起手機瀏覽Instagram，紓解困頓感。過了半小時，你從Instagram的黑洞中冒出來，想起來你還有報告要寫。

手機成癮症比我們以為的還要常見。研究顯示，一個人一天平均會碰觸手機兩千六百一十七次。那是很多的滑動、打字和點按所組成的。

我們常常告訴自己：「我必須少看手機。」但是這個策略靠的只有意志力。很遺憾，人的意志力是有限的。或許，我們應該採取極端的策略，限制自己碰不到手機，這樣我們就不用浪費有限的意志力了。

提姆．坎達爾（Tim Kendall）在成為Moment——幫助人們用更健康的方式使用手機的一間公司——的CEO之前，曾經是繽趣（Pinterest）的總裁。在這段期間，他也對於自己的手機使用狀況感到很困擾。他開始研究他所謂的「蠻力手段」，發現一種叫作定時儲物盒（kSafe）的產品。

定時儲物盒是一種可以鎖起來的廚房保險箱，內建定時器。這原本是設計來協助人們減重的，讓節食者可以把不健康的食物鎖起來；如果所有的巧克力都存放在打不開的保險箱裡，就很難減肥失敗。不過，近年來，這個產品有了第二個功用，可以幫助人們戒掉手機成癮症，因為它的大小非常適合放手機。

一開始，坎達爾嘗試實驗在週間的晚上以及週末的幾個小時把手機鎖起來。雖然他現在已經沒有定期使用定時儲物盒，但是他覺得這在當時很有成效。

他解釋：「今天對我來說有成效的是，我在家有一間辦公室，所以當我離開辦公室要跟家人吃晚餐時，我會直接把手機留在辦公室。在最好的狀態下，我整晚都不會去拿手機出來。這就跟晚上六點到早上八點把手機鎖在定時儲物盒是一樣的道理。」

實際演練

1. 上網搜尋「kSafe」，你會找到一種蓋子上內建定時器的塑膠盒。選擇不透明、有顏色的盒子（眼不見為淨！），決定你想限制使用手機的時段。你可以先從短時間開始，每天把手機鎖起來三十到六十分鐘一次。試著慢慢增加到一次數個小時，讓你可以保持專注更長的時間，漸漸戒掉手機成癮症。
2. 如果你剛好是一個團隊或一間公司的領袖，你可以進一步利用定時儲物盒。週休三日的先驅——遺產規畫公司「永恆守護者」的創辦人安德魯·巴恩斯在公司位於奧克蘭的辦公室設置了手機置物箱。沒有紀律可以遠離手機的人發現把手機鎖在置物箱一整天很有幫助。

用橡皮筋戒除手機成癮症

我們都知道自己應該少看手機，把所有的通知關掉或開啟勿擾模式確實能夠減少我們看手機的時間。但，矽谷企業家凱文·羅斯（Kevin Rose）發現了一個更新奇的方法來改善自己的手機習慣。

羅斯曾被《時代》（*Time*）雜誌選為網路上最具影響力的前二十五人之一，並且是臉書、推特和支付服務提供商Square等公司的天使投資人。幾年前，他越來越注意自己的手機行為，發現自己一天會拿起手機超過一百次（雖然羅斯讀到的文獻顯示，一般人一天平均會拿起手機兩百次以上，所以一百次似乎沒那麼糟）。

他曾經實驗過一個方法，那就是永遠都把手機螢幕朝下放在桌上，這樣他就不會看見螢幕亮起來。但是，他接著又嘗試了另一個有點不尋常的方法：用橡皮筋圈住手機。

他告訴我：「當你看見那條橡皮筋，它會提醒你暫停一下，想一想：『我現在真的有需要把手機拿起來用嗎？』通常，答案是否定的。」

羅斯會把橡皮筋水平圈在手機上，當作停止拿起手機這個反射動作的視覺暗示。「以前，我根本沒意識到我在做這件事。但是，有了這條橡皮筋，我想用手機就得刻意取下橡皮筋才行。」畢竟，有一條橡皮筋切斷所有的圖片，Instagram就沒那麼好看了。

應用這個策略之後，羅斯每天拿起手機的次數從一百次以上減少為三十次左右。這迫使他在查看手機這件事情上更加小心謹慎，因為現在他有實體障礙得移除。這便足以打消他查看手機的念頭，除非是真的有要事——我們也知道TikTok（手機短影音應用程式）不會構成什麼緊急事件。

實際演練

1. 如果你想減少每天拿起手機的次數，就找一條橡皮筋圈住手機，讓它水平置於螢幕中央。
2. 如果你想更嚴格地執行橡皮筋策略，就找第二條橡皮筋垂直圈住手機，形成一個橡皮筋十字；你要使用手機，就得先拿掉橡皮筋。

手機遠離餐桌可以提升快樂感

回想一下上次跟同事或友人面對面開會或喝咖啡的情景，除了用來做筆記的本子或筆電，餐桌上還放了什麼？很可能是你們的手機。不過，如果你是跟英屬哥倫比亞大學心理學系的教授伊莉莎白・鄧恩見面的話，她的手機會收在她的包包裡（如果她看見你的手機放在餐桌上，很可能會對你投以殺手眼神）。

鄧恩告訴我：「我注意到，社交互動常常會因為人們低頭看螢幕而被中斷，因此非常好奇智慧型手機是如何影響這些互動的。」

鄧恩和她的同事設計了一個實驗，微妙地操控人們在進行社交互動時有多常使用手機，藉此了解這對聚會品質所造成的影響。[31]為此，鄧恩在當地一家咖啡廳佔據一張桌子八個月。每天晚上，鄧恩跟同事會邀請一組朋友過來吃晚餐。研究人員會請他們吃飯，但是這些人用餐後要填寫一份問卷（聽起來很像我在念大學時會想參加的那種研究）。

受試者完全不知道這個研究跟科技有任何關聯。其中一組人被要求，吃飯時把手機收起來，但這是跟其他指令一起交代的；另外一組人則被告知吃飯時手機必須拿出來，才能在進行到一半時透過簡訊收到一份簡短的問卷。真是狡猾啊。

指令下達完畢——手機不是沒在桌上，就是放在桌上——之後，受試者便開始享用餐點，跟朋友聊天。用餐結束後，受試者完成了一份問卷，問他們有多享受這個夜晚。

鄧恩解釋：「我們發現，手機如果有拿出來，人們享受跟朋友吃晚餐的程度比手機收起來時明顯較低。」

我們很容易以為，在社交互動——無論是開會、喝咖啡或聚餐——期間把手機放在桌上不會有什麼影響。但，當螢幕就在我們面前，這會造成分心，讓我們無法完全聚精會神。

鄧恩是一個很有禮貌的心理學家，把這項研究的發現應用在自己的生活中。「我跟朋友出去時，真的會試著在用餐時把手機收起來。在家時，我們也有不把手機拿出來的嚴格家規。」

如果我們可以把手機收起來，好好跟我們身旁的人相處，那絕對是在善用時間。

實際演練

1. 跟別人見面時，不管是為了公事或社交，都把手機收在包包裡或放在看不到的地方。這能讓你更聚精會神，而且更重要的是，這次社交互動會令人愉悅許多。

把手機變無趣

傑克．納普曾經是Gmail的產品設計師，所以他不但知道手機吸引我們注意力的各種方法，還實際協助設計出它們。但，儘管他了解手機應用程式用來抓住我們注意力的機制是什麼，他自己卻也深受其害。

納普告訴我：「六年前，我突然意識到：『我的手機不需要那個東西。』」納普在跟兒子玩的時候出現這個頓悟時刻。當時，他們正在組火車軌道。納普在看手機，他的兒子天真地問：「爸比，你為什麼在看手機？」他的兒子並不是在評斷他，只是很好奇他在看什麼。這讓納普忍不住想：我**為什麼**在看手機呢？

納普跟大部分的人一樣，對於自己在手機上花的時間覺得很有罪惡感。但，他也開始很氣手機如此吸引他的注意力。於是，他決定做點什麼。

納普憶道：「我刪掉了手機上的臉書、Instagram、YouTube、推特和Gmail。我甚至把網路瀏覽器Safari給關了。」

納普的手機只剩下具有實用價值的應用程式。「我有播客、相機、地圖、音樂、手電筒。我有的這些東西其實都很棒，但卻是大部分人手機上有的東西的一半。對我來說，不會令人分心的手機超級強大，因為當我沒有坐在電腦前，我就只剩下自己的思緒。我的口袋沒有一直吸引我的東西。」

擁有一支不會令人分心的手機讓納普能夠專注在大型計畫上，例如撰寫他的暢銷書《Google創投認證！SPRINT衝刺計畫》和《生時間》，還有在他工作好幾年的Google創投建立設計衝刺。

所以，在排隊買咖啡這類我們許多人會直覺拿出手機的時候，納普都在做什麼？他是不是快要無聊死了？

「我什麼也不做。如果我出去吃晚餐，我的朋友去上廁所，我會四處看看餐廳。我真的就這樣讓自己無聊一分鐘。我認為，無聊是很強大的東西。如果一天之中可以有幾次無聊的時刻，這可以讓大腦休息，也可以讓潛意識想到某個問題的解決方法或我不曾有過的點子。」

實際演練

1. 拿出手機，刪掉每一個竊取你注意力或者你在無聊時刻會開啟的應用程式（社群媒體、電子信箱、遊戲或甚至是網路瀏覽器）。如果這個提議讓你血壓飆高，那麼或許先從你覺得最上癮的應用程式開始刪就好。
2. 檢查手機剩下的應用程式，問自己：這些都是實用的應用程式嗎？也就是，這些是只會在生活中發揮功能性目的的應用程式嗎？如果答案是肯定的，那就表示你已經成功打造一支不會令人分心的手機。
3. 觀察自己的行為，看看現在口袋裡沒有令你分心的裝置後，你的行為有什麼改變。好好珍惜無聊的時刻，因為你的大腦在這些時候可以盡情遊蕩，或許會出現意外的生產力。

停止無腦滑手機的簡單策略

你是否曾經晚上慵懶地坐在沙發上，下意識地拿起手機？是啊，我也不曾。好吧，說實話，你當然曾經這樣做。你開始滑手機，看別人的Reel短影片，被大量呈現在你眼前的廣告所誘惑。誰知道你的人生到底有多缺必不可少的3C產品、口罩和充滿維他命又零卡路里（但卻美味得令人口水直流）的蛋白球？我是不知道。

你最後應該會停止滑手機。但，是什麼讓你停止的？你的伴侶打斷你？你覺得餓了或渴了？你又回到Netflix追劇？我可以保證，你不是因為滑到Instagram的最底部才停止的。社群媒體永無止盡的迴圈，正是這類科技令人難以別過頭的原因之一。

想抵抗社群媒體黑洞的強大吸力，停止提示是其中一個方法。紐約大學史登商學院的行銷學教授、出版過數位成癮相關暢銷書的亞當．奧特說，停止提示是讓我們更加留心自己數位行為的最佳方式。「這個概念是，人類就像實體物品，會一直做同樣的事，直到某股力量對我們發揮作用，把我們轉移到下一件事情。二十世紀其實有很多這樣的停止提示，只要想想我們那個時候觀看媒體的方式就知道了。」

奧特舉了看電視這個例子。在串流平台和追劇行為出現之前的時代，你每個星期只會看一集節目，長度通常是三十到六十分鐘。一集看完了，你會被迫停下來，等一個星期再看下一集。我知道，我自己也幾乎不記得那種感覺了。

閱讀實體報紙時，你看完報紙就會停了。想要繼續看報紙，你得等到隔天的報紙出來。同樣地，看到一本書一個章節的結尾，等於在提示你停止閱讀。因為有這些內建的停止提示，以前的人很擅長從一個活動轉換到下一個活動。

很不幸，這一切都在二十一世紀螢幕科技問世後改變了。創造這些科技的公司很多都認為移除停止提示是個好主意。

「臉書最原始的版本其實有一個按鈕讓你點擊，以顯示更多內容，因此你必須一直點它。那感覺好像沒什麼了不起，但是你每次點擊那個按鈕，就表示你決定繼續閱讀。可是現在，幾乎所有的社群網站都有無止盡的動態。電子郵件也是，毫無止盡。」

然而，奧特說有一個簡單的方法可以解決沒有停止提示的問題，那就是自行創造提示。例如，你可以選擇一天當中的某些時間點做為應該關掉手機的提示。

奧特就把跟家人吃晚餐當成一個停止提示。吃晚餐的時間一到，他就會開啟手機的飛航模式或把手機放在另一個房間。同樣地，他在週末也會設定某些時段讓手機自動切換到飛航模式。

以我自己來說，我的其中一個停止提示就是睡前九十分鐘。我會把手機放在書房的充電座、關掉房間的燈，然後隔天早上才回去。

實際演練

1. 考慮使用一兩個停止提示來減少無腦使用手機（和其他造成問題的裝置）的時間。想想生活中有哪些日常儀式沒有手機在身邊會更令人享受，像是用餐時間、睡前放鬆或進行專注工作的時候。
2. 為自己創造規則，清楚訂下停止使用手機的時間點，並確實遵守！

讓自己不在假期檢查電子信箱的方法

垃圾清除公司1800-GOT-JUNK的創始人和CEO布萊恩．斯庫達莫爾很推崇放假時「進入黑暗」的概念。這並不是像我一開始聽到這個說法時以為的那樣，要裝扮成漫威漫畫的邪惡反派。斯庫達莫爾所說的進入黑暗，意思是切斷跟電子信箱的聯繫，以便完全聚精會神地跟家人相處，特別是跟他三個年幼的孩子。

進入黑暗聽起來很棒，但是缺乏意志力這點往往會礙事。斯庫達莫爾坦承：「我們很容易在某個地方排隊時感到無聊，然後就說：『啊，我快速瞄一下電子信箱，看看有什麼事情好了。』」於是，他採取一個極端的手段，以免需要運用意志力遠離電子信箱。

在斯庫達莫爾放假前待在辦公室的最後一天下午，他的私人助理會改變他的電子信箱和社群媒體帳號的密碼，把他完全鎖在外面。

「我還記得我的助理當初開始幫我改密碼的時候，她說：『要是辦公室發生火災怎麼辦？』我會說：『打119啊，打給消防隊。』不然我跟我的孩子出門度假是能怎麼辦？」

從來沒有任何人在斯庫達莫爾放假時聯繫他。「他們相信我信任他們會在我不在時把事情做好。所以，我不會上去社群網站、我不會問候他們，我的頭腦完全遠離公事。我得以好好享受家庭時間和個人時間，有時是四天休假，有時是三個星期。我想，我休過最長的假期應該是六個星期，期間我完全跟公司失聯。」

斯庫達莫爾喜歡百分之百專注在事業上，或百分之百遠離公事。「公事的步調太緊湊了，我必須保護和照顧自己的心理健康。」

實際演練

1. 想想哪一種數位溝通管道最令你分心，可能是電子信箱、Slack（或其他通訊平台）、社群媒體或者其他的事物。

2. 如果你沒那麼幸運，擁有私人助理，可以請朋友在你外出度假或想要「進入黑暗」前改變你的密碼。務必請朋友寫下新的密碼！

3. 如果這聽起來太極端，可以考慮使用封鎖網站或應用程式的軟體，如Freedom.to。你可以設定在一天之中的指定時段讓自己無法登入某些軟體應用程式或網站。

給自己多一點獨處的時間

回想上次你自己一個人的時候，不管是散步、排隊或在公共運輸工具上通勤時。為了不要產生那可怕的無聊感，你可能有拿出手機汲取某種形式的內容。你或許聽了播客或瀏覽了社群媒體，也或許看了收件匣。

假如你醒著的獨處時間（沒有在工作的時候）大部分都在盯著螢幕或是吸收內容，你便是讓自己喪失了獨處的能力。喪失獨處能力指的是你從來不曾單獨跟自己的思緒相處的狀態。

喪失獨處能力是卡爾・紐波特教授在他備受讚譽的著作《深度數位大掃除》

（*Digital Minimalism*，暫譯）所發明的詞彙。或許不令人意外的是，這個狀態會導致焦慮感升高，並減少專業方面的洞察或突破。

為了避免這個情況，紐波特建議每天從事一兩個活動，期間不要使用手機。紐波特解釋：「這可以很簡單，像是每天做家事時不要帶耳機和手機。這麼簡單的事就能對你的認知健康、焦慮程度和幸福造成很大的影響。」

我第一次聽說喪失獨處能力一詞時，馬上就能體會。當我沒有在工作或跟其他人在一起時，我總是在吸取某種類型的內容，通常是播客。我一直說服自己這是件好事，因為我在學新事物啊，對吧？我們不是需要不斷利用時間「成就」一些什麼，才能使我們的生產力最佳化？

讀完《深度數位大掃除》之後，我展開一場實驗。我回想自己最常聽播客的兩個情況，第一個是每週運動五小時的時候（播客幫我忘卻痛苦！），第二個是單趟四十分鐘的日常通勤路程（這當然是指疫情之前）。

我挑戰自己把「內容輸入」的時間減少百分之五十。我會允許自己在一半的通勤時間和一半在健身房的時間聆聽播客或其他內容，至於剩下的百分之五十，我什麼也不汲取。

這馬上就帶來驚人的結果。在安靜的時間，我感覺我的創意飆高，被各種洞察和點子轟炸，就好像我的大腦很高興能有時間思索和生產似的。我也非常驚訝我竟然是身旁唯一一個在做這種怪異實驗的人——老實說，這讓我蠻自豪的。

紐波特在他的一天中融入大量沒有手機（因此沒有內容輸入）的時刻。「我散步和運動的時候不用手機。在家時，我的手機通常在包包裡。我不接受我得跟急診室醫生一樣，必須透過通訊設備隨時聯絡得上的這種事。當你把心態轉換成『我用我的手機做很多事，但我不會總是帶著手機』，你自然可以得到很多獨處的時間。」

對紐波特來說，汲取外在刺激不是預設活動，而是他排時間去做的事。「我會問自己：『我要什麼時候獲得內容的輸入？是什麼樣的輸入？』所以，假如說我知道我有很多庭院的工作要做，我就可以說：『太棒了，我要來聽這個播客。』」

「這沒有什麼硬性規定，但我會計畫我什麼時候要接收刺激。我會問自己：『我想要安靜的時間，還是這是聽些東西的好時機？』如果把手機想成偶爾使用的工具，而不是持續存在的同伴，這就能讓你得到很多獨處的時間。」

實際演練

1. 想想你常常在什麼情況下使用手機吸收內容，如社群媒體、播客、遊戲、新聞或有聲書。

2. 為自己設定減少吸收時間的目標，以免喪失獨處能力。例如，我的目標是把吸收內容的時間減少一半，獲得幾個小時獨處的機會。

3. 將計畫付諸實行，在這些時段把手機放在拿不到的地方，好讓自己更容易做到。時間到了，就跟自己的思緒好好相處。

利用實體環境進入狀態

在Google的執行生產力顧問蘿拉・梅・馬丁小的時候，她爸爸常常在家工作（真是走在時代尖端！）。她注意到，他會進去書房工作，接著在一天結束、工作完成之時走出書房。

「我們知道，他在辦公室的時候絕對不能吵他。他曾告訴我，他起初只在那個房間工作，是因為他的桌電和乙太網路放在那裡。他剛開始在家工作時並沒有筆電。」

馬丁建議大家可以假裝跟她爸一樣，也就是想像你在家裡某個地方放了桌電和乙太網路，把那裡變成你的工作地點。這麼做可以幫助你的大腦進行狀態相關回想，每次你去那個地方，使你聯想到工作的相同畫面、聲音和氣味都在那裡，你就會很容易進入狀態。馬丁解釋：「如果你每天都換地點，你的大腦會很難在來到那個空間時認為：『這是我工作的地方。』」

喬治城大學的教授、《Deep Work深度工作力》的作者卡爾．紐波特也很認真思考工作的地點。他會刻意把不同的地點跟不同類型的任務連結在一起。

紐波特解釋：「當我試著解決某個電腦科學理論的證明時，我會進行的儀式幾乎總是跟鎮上的各種散步路線有關。」但，紐波特寫作時採用的方法卻完全不一樣。「我在家裡設置了一個客製的圖書館桌子，深色的木製書櫃旁邊放有黃銅的檯燈，會讓我想到念大學時我常去念書的大學圖書館裡面的桌子。我有一個寫作儀式，那就是我會把整張書桌清空，只用一盞燈往下照亮桌面，讓我跟我的電腦獨處。」

馬丁針對在家工作的人給了另一個關於實體環境的建議：確保家中有些地方是你絕對不會在那裡工作的。「這可以創造一些心理界線，因為假如你要在家工作，你不會希望臥室或客廳等區域都是你工作的地方。」

馬丁建議把工作想成來到家裡的客人。「如果有一個客人待了很長的時間，你不可能會說：『嘿，你隨時都可以來我房間。』你會給他另一個空間，會設定界線。」

實際演練

1. 想想你的工作主要有哪幾類，像是可以分成：淺度工作，如電子郵件；深度工作，如策略思考或寫作；打電話；視訊會議等。

2. 想想你要讓每一類活動擁有什麼樣的地點相關儀式。
3. 實行這些儀式幾週之後，你應該會發現自己變得很容易也很快速進入狀態，因為你的大腦會把跟地點有關的提示和特定類型的工作聯想在一起。
4. 最後，想想家中有哪些地方是工作不可侵犯的區域，完全用來放鬆和從事與工作無關的活動。

靠第二台電腦保持專注

如果你跟大部分的人一樣，那麼你很可能只有一台電腦。那可能是筆記型電腦，因為現在有很多人會在辦公室和自家等不同的地點工作。然而，創立在澳洲證券交易所上市的金融科技公司Flamingo AI和Ethical AI Advisory、同時擔任Boab AI董事長的卡翠歐娜・華萊士博士（Catriona Wallace）卻跟別人不同，擁有好幾台電腦。這不僅僅是因為她極為熱愛科技，並且是全世界在人工智慧及機器人策略領域最多人引用的專家之一。

華萊士一開始跟大部分的人一樣，只用一台電腦完成所有事情：電子郵件、娛樂、研究和創意工作。華萊士解釋：「我後來發現，如果所有的事都在同一台電腦上完成，我很容易分心。」

於是，她嘗試一個實驗。她從辦公室和自家找了另外三台筆電，然後根據她在工作上要完成的任務類型給每一台電腦分配一種工作。

「其中一台筆電是我用來處理電子郵件的工具，還有一台負責創意工作，如設計簡報、行銷的東西和製作影片等。第三台是用來做研究的，第四台則完全是娛樂用，當我想要休息一下，觀看Netflix或我的家人傳給我的超瘋內容時，我就會用那台。」

華萊士發現這個策略讓她很容易專注。「就像只跟一個人坐在一起時，你會專心聽那個人說話一樣，我發現我的筆電策略也是如此。使用電子郵件筆電時，我能百分之百專心處理電子郵件，就像我跟一個真人一起做一件事，就能專注在那件事情上一樣。我發現發揮特定功能的電腦除了可以產生心智上的連結，也會帶來情感上的連結。所以，我會超有生產力、超專注，因為那就是這台電腦跟我一起做的唯一一件事。」

實際演練

1. 注意，這個策略有一個明顯的免責聲明——不是所有人都買得起第二台以上的電腦（有些人甚至連一台電腦也買不起）。然而，這邊提供一個應用這個策略最省錢的方式。先從區分深度和淺度工作開始，淺度工作通常只需要安裝電子郵件軟體和通訊軟體，這兩者只需要最低限度的電腦性能。因此，你所投資的第二台筆電可以是低價的基本款就好，大約兩百澳幣就能買到，二手的話更便宜。

2. 把便宜的筆電當作淺度工作站，用來處理所有的電子郵件和即時通訊聯繫。你甚至可以把它放在家中或辦公室的特定地點。

3. 使用你的主電腦進行深度工作。由於這是你主要使用的電腦，性能應該優越許多，這便可以跟這類工作連結在一起——即你的工作所需要進行的最重要也最能帶來價值的部分。

4. 如果有錢投資更多筆電，你可以像華萊士那樣進一步區分不同的工作類型。你可以使用第三台電腦進行創意工作或其他類型的工作，第四台電腦則完全用在娛樂活動。

脫離瓶頸的簡單訣竅

《衛報》專欄作家兼暢銷書作者奧利佛．柏克曼形容自己是康復中的完美主義者，他說：「每次這樣說我都很不舒服，因為完美主義有一點很討厭，人們這樣形容自己好像是在自我批判，但實則是在吹噓。」

這讓他想到人們在面試時若被問到「你最大的缺點是什麼？」這個問題所會做出的回答。柏克曼打趣地模仿：「噢，我總是太在意自己的產出完不完美！」

可是，對柏克曼來說，完美主義傾向妨礙了他的工作能力。「這害我害了很久。完美主義難以擺脫，讓我根本不可能好好享受任何工作。」

柏克曼的完美主義使他經歷嚴重的作家阻塞，他一直擔心自己寫的東西不夠好。有人建議他寫就對了，讓內心的編輯魂進入休眠，但是這仍無濟於事。「你就是希望你寫出很好的東西。」

但是後來，柏克曼聽說了其他跟他擁有相同遭遇的作家所使用的策略。這個策略要他先大致打出一份草稿，接著印出來，然後再打回電腦上。

這個聽起來有點怪的過程會讓柏克曼在轉換到編輯模式時，順利進入狀態。「我把稿件重新打回電腦上時，會進行各種修改。但是那幾乎是下意識的，就像寫作寫得很順時，你幾乎不會意識到文字流瀉而出。那不是很有意識去做的編輯作業。」

「當然，寫一本書也必須要有一個編輯的階段，那個時候你就要很有意識地檢視每一個字。但是我發現這是個很棒的折衷方案，因為當你重新打回電腦上，你不必從全新的空白頁開始。這樣一來，你就不用擔心你的靈魂會以可怕狗血和充滿壓力的方式被榨乾。」

實際演練

1. 如果你正在經歷作家阻塞，也就是你難以展開工作，無論是寫報告、寫程式或製作簡報等，那麼你可以試著完成一份非常普通的草稿，不要自我審查，「寫」就對了。
2. 完成草稿後，印出來。
3. 重新打回電腦上，你可能就能順利進入狀態，減少對自我的審查。

利用腳本脫離瓶頸

在寫這本書時，我遭遇過許多瓶頸。我常常發現我在撰寫某個章節時，感覺自己再也無法繼續寫下去，需要休息。我的直覺是利用令人分心的數位內容來放鬆，像是看手機或檢查電子信箱。或是弄個零嘴來吃。或是拖地（開玩笑的，我超討厭拖地）。

行銷學教授亞當・奧特也經常遇到瓶頸。但是，他不會下意識拿起手機，而是做了別的事。「最好的做法是，撰寫一個在這種時刻可以遵循的腳本，尤其是如果你發現自己在這些時刻常常想看手機的話。」

例如，奧特建議你的腳本可以是，每次遇到這種時刻，你就要走路兩分鐘。「我常這樣做，我會在我的辦公大樓裡走來走去。如果是在家，我會到外面走一走，或是走到樓上，離開位於地下室的書房。」

他的辦公室有一個跑步機書桌，就是為了應付這種時刻。短暫的走路時間會自然發揮重置機制，使他走完路後，就可以重新坐下，再次回到工作上。

奧特克服瓶頸的另一個方式，是想想自己希望能有更多時間做哪些事，然後在遇到瓶頸時去做。例如，身為一個研究者，總是會有新發表的研究奧特必須了解。他常常收到學術期刊的目錄，卻覺得自己永遠沒有時間好好瀏覽。所以，奧特為遭遇瓶頸的自己所創造的另一個腳本，就是他會花點時間閱讀期刊目錄。

「在我真的卡關的時候，我會花大約一個小時瀏覽目錄，閱讀特別突出有趣的文章。所以，我把那個瓶頸變得有用許多，完成我沒有時間去做的事情。」

「每當我在主要的工作——例如寫文章——碰到撞牆期，我就可以轉而去做次要的工作，這樣一來就能善用時間，而非浪費時間。」

實際演練

1. 要創造自己的瓶頸腳本，首先你要想想撞牆期可以做的兩類活動。第一類是沒時間可以離開主要任務太久時可以進行的快速完成的活動，如短暫散步；第二類活動則是奧特所說的「次要工作」，對你的工作有益，需要不少時間，但不是你正在進行的主要任務，例如閱讀一些文章或接觸人脈。
2. 寫下腳本，貼在電腦上或辦公室其他地方。上面應該寫類似像這樣的文字：「遇到瓶頸時，我要走路兩分鐘。」或「遇到瓶頸時，我要閱讀一些產業刊物。」
3. 遵循這些腳本一陣子後，這應該會開始變成習慣。你也可以試著更改腳本，實驗不同的活動。記住，這些活動要讓你很享受，否則你會很想回到以前的習慣，拿起手機。

你需要瓶頸計時器

許多生產力專家相信，我們的專注力就像肌肉一樣需要訓練。我們從事越多深度專注的工作，肌肉就會變得越強壯，我們也就越容易進入深度工作。然而，《超速學習》備受讚譽的作者史考特．楊卻用不同的方式看待這件事。他相信我們的專注力跟管理情緒有關。

要在重要的大型企畫上取得進展，時常令人受挫，除了可能得到負面評價，有時還會質疑自己的能力（這讓我想起撰寫八萬字博士論文這個我一直想壓抑的回憶）。這些挑戰可能讓人本能地不願意開始工作並維持專注。

楊嘗試過好幾個策略，想要改善維持專注的能力。其中一個策略叫作瓶頸計時器。他是在思索自己閱讀和學習新事物所使用的方法時，想出瓶頸計時器這個概念的。他的眾多成就之一，就是在不到十二個月的時間內，學會通常需要四年時間才能完成的麻省理工學院電腦科學課程內容。他沒有上任何課就做到這點。

他在學習課程內容期間嘗試解決一個問題時，常常會想：當他不知道正確的答案是什麼時，他應該多快去翻解答？「我在麻省理工學院的挑戰中採取的方式是，你應該馬上去找對的答案。也就是你一遇到瓶頸，就應該去看正解，因為即時的回饋很重要。」

過了幾年，楊的看法改變了，他現在認為針對較困難的問題多掙扎一下下，往往比較合理，原因有二。第一，有時候給自己多一點時間就能解決問題，因此掙扎一下下是有益的，因為你可能只是需要時間想出對的答案。此外，自己努力想出對的答案比看解答有價值多了。

第二，楊認為多掙扎一下下是有益的，因為你會更能體悟正確答案。「基於那個負面的情緒狀態、那個挫敗的感覺，答案會更令人難忘，因為當你解決一個問題，你會覺得：『啊，原來是這樣解！』而不是：『噢對啊，這樣很合理。』」

楊接受這些洞見，現在每次感覺自己在一個問題或任務上遇到瓶頸，就會設定五或十分鐘的瓶頸計時器。這額外的五到十分鐘往往會帶來很大的差異，讓他有時間解決問題或重新進入狀態，而不是放棄或拖延時間。

實際演練

1. 當你覺得你在一件任務上遭遇了瓶頸，就設定五到十分鐘的計時器。通常，這五到十分鐘就足以讓你撐過當下感受到的負面情緒，跨越正在經歷的阻礙（你甚至可以買一個五或十分鐘的沙漏，替它標上瓶頸計時器的名稱，因為給情緒上標籤可以減輕其強度）。

2. 過了十分鐘還沒突破瓶頸的話，就允許自己休息一下。但是更有可能的是，你已經重新進入狀態，負面情緒也消失了。假如你是在解決某個問題時用上瓶頸計時器，這額外的幾分鐘可能就足以讓你想出答案。

習慣不舒服的感受會讓你更有生產力

我們都有一些感覺很難卻不得不做的工作。我們總是在找藉口，希望可以不要做這件事——通常這個藉口是讓人分心的數位事物。在準備銷售簡報時遇到瓶頸，你很容易瀏覽Instagram或觀看YouTube。身為人類的我們很不會接納不舒服的感受，因此令人分心的數位事物是快速消除這些感覺的有效方法。但是當然，長期來說，這種行為無法幫助我們完成工作。

著有《鉤癮效應》（*Hooked*）和《專注力協定》（*Indistractable*）等很受歡迎的書籍的行為設計專家尼爾・艾歐（Nir Eyal）承認他的生活也有發生這種情況。他總是覺得寫作很困難。「這從來不是輕而易舉的事，需要花很多時間和很大的專注力。寫作時，我感覺到各種負面情緒，像是無聊、不確定、恐懼和疲累。」

艾歐說這些情緒是內在觸發物，會讓他想要遠離手邊的任務。「所以，寫到一半時，我的腦中會浮現：『噢，我應該快速檢查一下電子信箱。』因為那樣也是有生產力，也是一種工作，不是嗎？」

但是當然，他知道這不是工作，而是恰恰相反，是一種讓自己分心的活動。那不是他當時計畫要做的事情──也就是寫作。

為了不讓自己分心，他使用一個稱作「駕馭衝動」的策略。駕馭衝動的過程是這樣的：首先，你會注意到自己的感受或情緒，如無趣或焦慮。接著，艾歐會標出那個情緒。「我現在很焦慮。」「我擔心這篇文章不會寫得很好。」「好無聊。」不管是什麼樣的情緒，他都會寫下來。

「寫下你的感受，不用鄙夷的眼光探索它，可以帶來很大的力量。很多人會馬上痛罵自己，說：『我擁有成癮人格。』、『我的注意力長度很短。』之類的。但是，我們應該帶著好奇心、而非鄙夷的眼光探索它。」

就像衝浪的人在衝浪板上保持平衡那樣，艾歐把情緒當作波浪來駕馭。情緒會湧現，達到高峰，接著慢慢退散。如果我們允許自己對這些感受產生好奇心，不試圖透過克制加以抵抗（這其實只會讓問題更糟），那麼我們感覺到的不愉快情緒最終都將消散不見。

科學家發現，標出情緒這個簡單的動作就能減少情緒的強度。在一個精彩的研究中，對蜘蛛有恐懼症的受試者被要求站在一隻被關在透明容器裡的狼蛛附近（這無疑是大學生比較不會想參加的研究）。[32]研究人員要求一半的受試者標出他們當下的感受和情緒，另一半的受試者則想辦法讓自己分心，或應用其他可能協助減緩焦慮的策略。

一個星期後，所有人都來到實驗室，再次站在蜘蛛旁邊。有標出自己感受和情緒的人對那隻黑色毛茸茸生物的恐懼感顯著降低，證明了標出自己的情緒有助驅散這些感受。

實際演練

1. 當你試著進行深度專注的工作，卻感覺到不愉快的情緒，不要一時衝動就用瀏覽社群媒體或做別的令自己分心的事情來舒緩情緒，而是標出那個感受。對自己坦承你的感受，並將它寫下來。
2. 提醒自己，感受跟波浪一樣是短暫的，會湧現，但也會消退。
3. 你可以考慮設定一個目標，告訴自己你會在接下來的十分鐘持續撐過那種感受（你甚至可以使用楊的瓶頸計時器策略，參見第192頁），假如還是沒有消退，再讓自己瀏覽TikTok。然而，你大概會發現經過十分鐘後，那種感受已經消失，你也成功避免讓自己分心了。

利用音樂進入狀態

現在是早上九點，該展開新的一天了。你有一堆困難的工作要完成，但新聞網站看起來比在Excel試算表消化數據有趣多了。一小時後，你總算從不小心掉進去的網路兔子洞裡目光呆滯地爬出來。令人驚訝的是，數據沒有自行消化。但，數據本來就是這樣。

你也知道，有困難的工作要做時，要開始很難，要進入狀態更難。

《連線》（*Wired*）雜誌的共同創辦人凱文・凱利（Kevin Kelly）經歷這種感受很多次，尤其是要寫作時。凱利承認：「我是天生的編輯，但不是天生的作家。當我有很難的東西要寫時，第一份草稿真的會要我的命。我書寫是為了找出我的想法，因為我要寫出來才知道我在想什麼，但是我開始書寫之後，卻發現我完全不知道我在寫什麼。」

凱利會使用一個非常明確的策略來撐過困難的第一份草稿。「我會戴著耳機循環播放一首歌，那首歌就這樣一直重複、重複、重複。我永遠都放同一首歌，重複聆聽那首歌會發生一件很怪的事——這非常令人舒心。光是聽這首歌就能讓我很有生產力。令人分心的東西全部消失，我就像是被工作催眠。」

凱利把這個策略跟在咖啡廳工作的那些人相比，咖啡廳的背景噪音可以幫助他們專注。確實，《我是如何工作》有好幾位來賓都分享了類似的策略。

網頁製作平台WordPress的共同創辦人馬特・穆倫維格有特定的播放清單，會在工作時聆聽。「我喜歡深度浩室風格的專注播放清單，因為這些音樂沒有歌詞或歌詞很少，而且背景帶有很棒的敲擊聲。但是，如果我真的需要完全專注，我通常會挑一首歌重複播放。這可以是任何一首歌，只要是我喜歡所以聽起來很舒服的歌。你的腦袋會在聽一兩遍後把它變成背景，我發現這真的是很有用的方法。」

我在播客上訪問他時，穆倫維格最愛播放的歌是德瑞克的〈幹嘛和善〉（Nice for What）；凱利則是聽同一首歌很多年了：一個保加利亞男子合唱團吟唱一首喬治亞聖歌。

研究顯示，重複聽一首歌可以幫助我們進入流暢的狀態。在其中一篇刊登在《體育運動心理學》（*Psychology of Sport and Exercise*）期刊的研究中，研究人員要求一群籃網球選手挑選讓他們感覺全神貫注（換句話說就是進入流暢狀態）的音樂。[33]這些籃網球選手選了很多歌，包括強烈衝擊（Massive Attack）的〈未完成交響曲〉（Unfinished Symphony）及法蘭基去好萊塢（Frankie Goes to Hollywood）樂隊在一九八四年發行的〈兩個部落〉（Two Tribes）。接著，研究人員要籃網球選手嘗試射門。當他們聽見自己喜歡的音樂在背景播放時，他們投球比較準確，因為帶來流暢的音樂提升了他們的表現。

實際演練

1. 選一首你喜歡聽的歌曲或播放清單。聽說，歌詞較少（或沒有歌詞）的音樂效果較好（雖然這麼說，但是我曾有一段時間會邊工作邊聽音樂劇《漢密爾頓》的歌曲〈約克鎮〉〔Yorktown〕，歌詞大概有五千六百九十七個字）。
2. 進行需要專注和進入流暢狀態的工作時，重複播放這首音樂。
3. 這樣做幾次後，你的大腦會開始把這首音樂跟流暢狀態聯想在一起，你會發現一放音樂就很容易進入狀態。

進入創意工作的流暢狀態

如果你曾經追劇追到愛上電視劇人物，或者看電視看到流淚或大笑，吸引或感動你的橋段很有可能是在作家室誕生的。

作家室是發掘故事情節、創造人物角色並決定節目走向的地方。不用說，創意在這個地方很重要。

創作超自然戲劇《花有重開日》（*Bloom*）等多部戲劇的獲獎編劇格倫・多爾曼（Glen Dolman）便嘗試在作家室創造非常特定的氛圍。「我試著讓這個地方變成人們可以發揮創意、開放、玩樂、自由、甚至做些蠢事的地方。我喜歡述說充滿情感和赤裸裸的故事，因此我需要作家們對彼此感到自在。」

多爾曼講述了一個從別人那裡聽到的事情，是關於《妳是我今生的新娘》（*Four Weddings and a Funeral*）和《新娘百分百》（*Notting Hill*）的編劇李察・寇蒂斯（Richard Curtis）。「他說，最理想的作家室要像晚宴上最後的那個階段，大家都喝了幾杯酒，每個人都很搞笑。所有人在早上八點上工時，都得進入那樣的狀態。」

多爾曼發現，對他來說進入這個狀態最有效的方法就是分享很多自己的事，展現自己極為脆弱的一面。雖然這可能令人不太舒服，但是大方分享會讓人脫離自動駕駛模式，並且也敞開他人的心，呼應自己的脆弱。

展現脆弱的一面除了可以為團隊營造更好的安全感，令人訝異的是，大方分享還能帶來創意方面的益處。

一篇刊登在《領導力季刊》（*Leadership Quarterly*）的研究檢視了領導階層可以如何提升團隊的創意。[34]研究人員請領導者帶著一小群人進行一小時的解決問題活動。研究人員要求其中一組人的領導者按照傳統方式進行，實驗組的領導者則被要求以新穎或非傳統方式進行。例如，他們用五顏六色的塑膠字母磁鐵拼出自己的名字給組員看；他們在組員被交代要穿的衣服背後下達任務指令；領導者站在桌子上，在大家進行任務時給予他們反饋；領導者要受試者在襪子寫下自己的點子，並把襪子掛在曬衣繩。

研究人員發現，領導者非傳統的行為不僅能提升創意，還讓人們感覺彼此有更強烈的連結。共同的非傳統經驗可提高舒適和誠實的程度，進而提升創意。

實際演練

1. 如果你要集結一組人進行創意思考，例如腦力激盪，可以想想能在整個期間採取什麼非傳統的方式。

2. 想想你能在活動一開始做些什麼令人意外的行為，像是大方分享（跟多爾曼一樣）或用新穎的方式下達活動指令（如實驗中的領導者便在衣服背面下達指令）。

3. 想想還能在活動期間進行什麼額外的非傳統行為或事件，以持續促進團隊的凝聚力和創意。例如，你可以要大家在工作坊進行到一半時穿上怪異的服裝，或請大家給自己取好笑的綽號（或者，你可能覺得我的建議非常愚蠢，決定自己想出更好的）。

拖延的真正原因

雖然提姆・埃雷拉（Tim Herrera）曾經替《紐約時報》編輯聰明生活版（主題是為工作與生活建立更好的習慣），但他卻是個很愛拖延的人。

他坦言：「我這輩子一直都有拖延的習慣，我因為這件事惡名昭彰。」然而，在編輯完專欄作家夏洛特・李伯曼（Charlotte Lieberman）所寫的跟拖延有關的文章之後，埃雷拉開始用不同的方式思考。[35]

「我覺得，我們很容易為拖延找藉口，說『我就是沒有那個心情。』、『我被別的東西分心了。』或是『我看到一則推特，結果陷入維基百科蟲洞。』可是，追根究柢，拖延跟延後某件事無關，而是跟我們對這件事所產生的感受有關。」

例如，他後來知道自己如果不想寫作，而是把時間浪費在推特上，那並不是因為他很懶惰，而是因為他對自己要寫的東西感到焦慮。所以，與其把拖延看成延後做某件事這麼簡單，你會發現這其實是跟對抗這件事帶給你的情緒有關。

明白這一點，讓埃雷拉頓悟了。「這幫助我重塑自己看待拖延的方式，讓我知道過去的觀點阻止我自己去做某些事情。了解我們拖延背後的所有成因，真的可以發揮很強大的力量。」

埃雷拉終於明白，拖延說到底就是跟管理他對某件事的負面感受（如焦慮）有關，而不是他不擅長時間管理。他也學到，他拖延的**方式**（瀏覽推特）讓問題更嚴重。推特藉由給他無數個讚和追蹤者以及有趣的資訊，讓埃雷拉像是注射了多巴胺似的，獎勵他選擇拖延的行為。

明白拖延是情緒管理的問題，而不是時間管理的問題之後，埃雷拉開始實施一些幫助他管理情緒狀態的策略，藉此專注在一件事情上。在他身上發揮成效的其中一個方法是，強迫自己對另一個人負責——如果他錯過截止日，會對那個人造成不好的影響。

「讓別人不開心比完成一篇文章更叫我感到焦慮。因此，我不會想：『我就是不想寫這篇文章，所以我會盡力拖延這件事。』而會變成：『我必須完成這篇文章，因為我願意盡力確保我不搞砸這個人的一天。』」

埃雷拉也試著把架構和習慣融入他的一天，在一天的某個時間點進行寫作，另外一個時間點則進行編輯。「針對這些事培養習慣是很強大的工具，因為這跟自制力或意志力無關了。你不會去想那些，而是做就對了。」把一件事變成自動去做的反射動作，可以消除手邊的任務帶來的情緒。

實際演練

1. 下次發現自己在拖延時，別再痛罵自己或給自己貼上懶惰或不事生產的標籤——你只是普通人。加拿大卡爾頓大學的麥克．沃爾（Michael Wohl）教授率領進行的研究發現，原諒自己的拖延行為可以讓你在未來少出現拖延的狀況。[36]
2. 思索你對你不想做的任務抱持著什麼樣的感受。克服拖延有很大一部分跟學習如何管理負面情緒狀態（如對某個任務感到焦慮）有關。
3. 試著理解你為什麼會對這件事產生負面情緒，想想你可以如何把這件事變成正向的經驗。你可以像埃雷拉那樣嘗試重塑你的動機；把你想要避開的任務變成習慣，也有助於消除這些事帶給你的情緒。

專注
複習

☐利用行為設計克服數位成癮症

檢視你目前的手機行為，看看你每天花了多少時間使用它。思索什麼事情會讓你使用手機以及在哪些情況下你最有可能使用手機。想想你在一天的什麼時候、哪些地點或哪些情況最有可能拿起手機。

利用行為設計的概念，想想你可以如何改變實體環境（例如要把手機放在哪裡），進而改變行為。更確切地說，你要想想手機在白天和晚上時要怎麼樣才會離你當下的位置更遠。

☐把手機鎖在定時儲物盒

買一個「kSafe」，也就是一種蓋子上內建定時器的塑膠盒。選擇不透明的盒子，決定你想限制使用手機的時段。接著，把手機鎖起來！如果你剛好是一個團隊或一間公司的領袖，你可以進一步利用定時儲物盒，讓員工選擇在開會期間或工作天的部分時段把手機鎖起來。

☐用橡皮筋圈住手機

找一條橡皮筋圈住手機，讓它水平置於螢幕中央。更嚴格的方式是，找第二條橡皮筋垂直圈住手機，形成一個橡皮筋十字，你要使用手機，就得先拿掉橡皮筋。

☐把手機留在包包裡

跟別人見面時，不管是為了公事或社交，都把手機收在包包裡或放在看不到的地方。這會讓你更聚精會神，更能參與對話，而且更重要的是，這個社交活動會令人愉悅許多。

☐打造不令人分心的手機

刪掉手機上每一個竊取你注意力或者你在無聊時刻會開啟的應用程式。檢查手機剩下的應用程式，問自己：這些都是實用的應用程式嗎？如果答案是肯定的，那就表示你已經成功打造一支不會令人分心的手機。

□利用「停止提示」停止滑手機

使用一兩個停止提示來減少無腦使用手機的時間。日常儀式是很棒的停止提示，最好選擇沒有手機在身邊會更令人享受的儀式，像是用餐時間、睡前放鬆或進行專注工作的時候。為自己創造規則，清楚訂下停止使用手機的時間點，如：「我在用餐時間不能使用手機。」

□讓自己進不去電子信箱

想想哪一種數位溝通管道最令你分心，請朋友在你外出度假或想要「進入黑暗」前改變你的密碼。務必請朋友寫下新的密碼！

□擁有獨處的能力

想想你常常在什麼情況下使用手機吸收內容，如社群媒體、播客、遊戲、新聞或有聲書。為自己設定減少吸收時間的目標，以免喪失獨處能力，因為我們每個人都需要有時間跟自己的思緒獨處。將計畫付諸實行，在這些時段把手機放在拿不到的地方，好讓自己更容易做到。時間到了，就跟自己的思緒好好相處。

❑創造地點相關儀式

想想你的工作主要分成哪些類型，開始為這些事項創造地點相關儀式。思考你在進行每一類工作時最想待在什麼樣的實體環境，並設計最適合的儀式。實行這些儀式幾週之後，你應該會發現自己變得很容易也很快速進入狀態，因為你的大腦會把跟地點有關的提示和特定類型的工作聯想在一起。

❑使用不同的電腦進行不同類型的工作

投資第二台筆電或電腦。把便宜的筆電當作淺度工作站，用來處理所有的電子郵件和即時通訊聯繫。使用主電腦進行深度工作。

❑把第一份草稿重新打回電腦上

如果你正在經歷作家阻塞，也就是你難以展開工作，無論是寫報導、寫程式或製作簡報等，那麼你可以試著完成一份非常普通的草稿。完成草稿後，印出來。重新打回電腦上，同時一邊開始編輯，你可能就能順利進入狀態，減少對自我的審查。

❑瓶頸腳本

要創造自己的瓶頸腳本，首先你要想想可以放進腳本的兩類活動。第一類是沒時間休息太久時可以快速完成的活動，如短暫散步；第二類活動則是次要工作，這些活動對你的工作有益，需要不少時間，但不是你正在進行的主要任務。

寫下腳本，貼在電腦上，範例包括：「遇到瓶頸時，我要走路兩分鐘。」或「遇到瓶頸時，我要閱讀一些產業刊物。」

遵循這些腳本一陣子後，這應該會開始變成習慣。

❑瓶頸計時器

當你覺得你在一件任務上遭遇了瓶頸，就設定五到十分鐘的計時器。通常，這五到十分鐘就足以讓你撐過當下感受到的負面情緒，跨越正在經歷的阻礙。過了十分鐘還沒突破瓶頸的話，就允許自己休息一下。

□駕馭衝動

當你試著進行深度專注的工作，卻感覺到不愉快的情緒，不要一時衝動就用吃零食或做別的令自己分心的事情來舒緩情緒，而是標出那個感受。對自己坦承你的感受，並將它寫下來。提醒自己，感受跟波浪一樣是短暫的，會慢慢消退。

你可以考慮設定一個目標，告訴自己在接下來的十分鐘持續撐過那種感受，假如還是沒有消退，就讓自己瀏覽Instagram（或其他東西）。然而，你大概會發現經過十分鐘後，那種感受已經消失。

□重複聆聽一首歌

選一首你喜歡聽的歌曲或播放清單。進行需要專注和進入流暢狀態的工作時，重複播放這首音樂。這樣做幾次後，你的大腦會開始把這首音樂跟流暢狀態聯想在一起，你會發現一放音樂就很容易進入狀態。

□大方分享可以激發創意

如果你要集結一組人進行創意思考，想想能在活動期間進行什麼非傳統的事情。想想你能在活動一開始做些什麼令人意外的行為，像是大方分享或用新穎的方式下達活動指令。想想還能在活動期間規畫什麼非傳統行為或事件，以持續促進團隊的凝聚力和創意。

☐重塑拖延習慣

下次發現自己在拖延時，別再痛罵自己。做跟平常相反的事，原諒自己的拖延行為。

思索你對你不想做的任務抱持著什麼樣的感受。克服拖延有很大一部分跟學習如何管理負面情緒狀態（如對某個任務感到無趣）有關。

試著理解你為什麼會對這件事產生負面情緒，想想你可以如何把這件事變成正向的經驗。把你想要避開的任務變成習慣，也有助於消除這些事帶來的情緒。

第五章 反思

檢視內心

你上次去牙醫或醫生那裡進行檢查是什麼時候？希望是去年。你或許是因為牙痛才去的，也或許是運動時受了傷，需要檢查一下。

我們的身體出問題時通常很明顯，因為身體會告訴我們。身體會痛、會痠、會癢，叫我們停下來，尋求幫助。

要是人生也是這樣就好了。當我們的工作或人際關係漸漸惡化時，通常沒有明確的事件會迫使我們做出行動。我們就像溫水煮青蛙這個虛構故事裡的青蛙，等到我們發現事情變嚴重了，可能早已浪費好幾年的人生。如果有盡早轉換方向，就能產生更大的滿足感。

這個章節首先會檢視思考大方向的重要性。我們會探討你為何需要定期進行人生健檢，即使一切看起來都不痛不癢、沒有出錯。

接著，我們會認識自我懷疑、對付自卑感以及征服恐懼的力量。

獲取回饋當然也能幫助我們反思和進步，可惜大部分的人都不擅長獲取有用的回饋。我們將透過一些實用的方式來徵求和接收幫助我們成長的回饋，改變這個狀況。我們會學到一個簡單的訣竅，把無濟於事的自我暗示變得啟發人心。最後，我們會高調收尾，談談我們為什麼必須不時提醒自己我們都會死。

你需要安排定期人生健檢

華頓商學院教授兼組織心理學專家亞當．格蘭特時常會被以前的學生聯繫，他們出社會幾年後，開始質疑自己的生涯選擇。他們對格蘭特坦承自己在工作上非常不如意，幾年前就該離職了，但卻沒有。現在，他們覺得自己被困住了。他們沒有離開讓自己很痛苦的職位，而是覺得自己必須繼續待著，因為他們已經投入好幾年的人生在那裡。

格蘭特建議這些學生：「你何不試著在行事曆安排一年兩次的人生健檢？」他認為，就像人們一年會去看醫生健檢一次，即使身體似乎沒有任何異狀，每個人也應該替自己的職涯進行健檢。

他說：「問自己：我還想要這份工作嗎？我是否已經來到學習高原期或人生高原期？公司的文化是否有害？不要每天問這些問題，否則你會陷入分析癱瘓，永遠無法給你現在待的地方一個機會。但，如果一年健檢幾次，那或許能幫助你不被困在你不想要待的地方。」

格蘭特也聽從自己的建議，定期安排人生健檢。「我有在行事曆設定提醒，一年會跳出兩次叫我進行健檢，一次是在七月，要我重新思考教學方式和該學期打算教授的內容，另一次則是在一月，我會想想我在研究、寫作和播客方面想要做些什麼。」

格蘭特最知名的計畫之一是為TED主持播客節目《工作生活》（*WorkLife*），這個節目就是源自某一次的人生健檢。當時，他感覺自己停滯不前。他才剛出版第三本著作，要進行許多演講和訪談，感覺自己就像是真人點唱機。「我完成了一場演出，但是什麼也沒學到，因為我講的東西基本上跟上次一樣。」

他發覺自己需要開始學習新的東西，但是他又不想進行寫下一本書這麼龐大的工程。「我只想探索比較小型、有趣又重要的東西，不見得要是能寫成一整本書的龐大概念。」

差不多同一時間，他也在跟TED團隊討論一些雙方或許可以合作、但是比起獨白更像對話的東西。

對格蘭特來說，播客是很棒的方法，可以讓他動起來，探索激起他好奇心的小主題。《工作生活》讓他可以到世界上最有趣的工作場所，跟很酷的人聊天。「我的目標是學習，然後我就可以分享我在後端學到的東西。」

實際演練

1. 每年跟自己預約兩次會議，名稱寫成「人生健檢」。
2. 預約時間到了的時候，問自己：
   a. 我現在的工作適合我嗎？（不是的話，還少了什麼？你想要更多什麼？）
   b. 我來到高原期了嗎？（是的話，你在接下來的六到十二個月想學什麼？）
   c. 我所做的工作讓我活力充沛嗎？（不是的話，哪些事情讓你活力充沛？）
   d. 工作場所的文化可以讓我蓬勃發展嗎？（不是的話，什麼樣的文化會讓你蓬勃發展、感覺受到支持？）
3. 根據自己的回答，寫下如何改善的處方箋（也就是計畫）。
4. 為下次健檢下載一頁的人生健檢範本：amantha.com/timewise

把自我懷疑變成長處，而非弱點

二十年前，我接到一通電話，通知我我錄取了蒙納許大學組織心理學的博士班。

接到這通電話時，我的第一個念頭是：一定發生了某種行政疏失。

結果，並沒有。我後來成為他們最年輕的畢業生，註冊成為組織心理學家。但，不是只有我經歷過冒牌者症候群，也就是一直認為自己不配獲得某些成就的想法。科學研究發現，高達百分之八十二的人都經歷過冒牌者症候群。其餘的百分之十八很可能是太害怕了，不敢承認。

我在《我是如何工作》上訪問《大城小妞》的其中一個編劇和演員艾比．雅各森時，內心非常緊張。我身為雅各森的粉絲好多年了，她的節目我每一集都有看。在為那次訪談做功課時，我讀到她在《大城小妞》的前幾季經歷過嚴重的冒牌者症候群。我很好奇她現在還會不會這樣。

一言以蔽之，她的答案是肯定的。她告訴我，她在某些活動發表演說或參與專題小組時，都會被自我懷疑的感覺所籠罩。

雅各森說：「『我在這裡做什麼？為什麼有人在乎我對這個主題抱持著什麼樣的想法？』在表演或新事物面前，我都會變得非常緊張，好像有人會發現我沒那麼厲害似的。」

然而，重點來了：不像大部分的人把緊張和自我懷疑當成一件壞事，艾比認為這是正面的。

「我很高興我還是很容易緊張，即使我或許不應該緊張。假如我真的有一天這麼想：『是啊，我完全應該站在這裡。』——我不想要那樣。我希望永遠看著自己，然後質疑自己現在應不應該來到生涯的這個地位。我希望知道自己走了多遠，並知道還有很遠的路可以走。縱使我對自己現在在做的事、正在進行的計畫很有信心，我還可以更好。」

史丹佛大學的心理學教授艾莉雅・克拉姆（Alia Crum）曾經進行一項研究，發現當人們把自我懷疑和緊張情緒視為有益的事物，他們會在經歷這些令人備感壓力的想法時，受到啟發並學習和成長。[37]因為這樣的心態讓他們把壓力視為正面的東西，他們相信緊張感其實可以改善他們的表現和生產力。除此之外，擁有這種心態的人比較有可能從錯誤中學習，根據回饋做出改變。

實際演練

1. 停下來，思索你內心那個自我懷疑的聲音。
2. 下次感覺自我懷疑時，試著把這些感受詮釋成帶來動力的力量，提醒自己你永遠有成長的空間。
3. 不要逃避觸發自我懷疑的事物，而是要刻意擁抱它，記得唯有透過挑戰才能進步。

別再試著當一個空間裡最聰明的那個人

賽恩．塔德（Cyan Ta'eed）曾經有很多年一直認為，自己不像許多人以為的那樣能幹。儘管她共同創立了價值超過十億澳幣的墨爾本科技公司Envato，她仍然這麼想——那只是她的小小副業而已。

塔德告訴我：「我有很長一段時間感覺自己一直在努力掩飾，感覺自己不像大家可能認為的那樣聰明能幹。」二十七歲時，她就已經在Envato管理一個五十人的團隊，她感覺自己經驗非常不足，也知道她有很多要學。

「然後，我們經歷一段很多非常有經驗的人進到這門生意的時期，那時候我就想：『我要退下，現在有這些大孩子了。』他們說：『別擔心，我們了解，我們知道怎麼做這件事。』」

但是漸漸地，塔德發覺他們其實並不知道。她慢慢明白，她做事的方式跟別人不太一樣，是很有價值、很有用處、有時甚至比較好的。「所以我必須弄清楚我自己怎麼了。我覺得我真的需要解決這件事。」

當然，塔德的問題就是典型的冒牌者症候群。為了克服這一點，她觀察那些典範——那些輕而易舉散發自信的人。她的身邊就有這樣的人。「那兩個人是我最好的朋友娜塔莉·譚（Natalie Tam）和我的丈夫。他們天生就很有自信且沉著。」

他們有一個共同的特質，那就是似乎從不擔心問題可能讓自己顯得很笨。她坦言：「而我總是擔心這件事。」

「我必須改變我的想法，從希望自己是一個空間裡最聰明的人，改成希望在離開這個空間時成為最聰明的人。這就表示，我需要不斷問問題，不在乎這是否讓我看起來像個白癡。」

從更宏觀的角度來看，她發覺自己的冒牌者症候群讓她逃避許多令她害怕的機會。塔德解釋：「有很長的一段時間，我一直努力避免失敗。但是後來，我發現我必須開始接受一些機會，即使這些機會令我很害怕。」

漸漸地，塔德強迫自己接受失敗，並找出面對失敗的方式。她發現，她這樣做越多次，這越跟她自己無關，而是跟她試著展開新挑戰的這個概念有關。

「當你試著做一些從來沒有人做過、真的很困難的事，你常常會失敗。我已經成立大約十個新創公司，很多你沒聽過也不知道，因為它們沒有成功，我最後只好把它們關了。」因此，塔德選擇不害怕失敗，而是迎頭面對，接受眼前可能出現的阻礙。

實際演練

1. 想想你有什麼自我審查的時刻，例如你可能因為害怕自己聽起來很笨，就不願意問問題。但是，跟你在同一個空間的人很可能也想問一模一樣的問題。記住，你問那個「很笨」的問題是在幫大家的忙。
2. 雖然很難，但是請試著做出跟你害怕的事情相反的舉動。你可以像塔德一樣重塑你對自己說的話。塔德不試著讓自己看起來是最聰明的那個人，而是希望離開時**成為**最聰明的那個人。
3. 在考慮要不要接受某個機會時，想想你會不會害怕。你很猶豫要不要接受，是因為你擔心會失敗嗎？如果答案是肯定的，這可能表示你應該接受這個挑戰，因為這是很棒的成長機會。

記得，這是你的故事

在《我是如何工作》訪問來賓時，我總是會天人交戰，不知道要在訪談中分享多少自我。我不曉得應該把焦點全部放在來賓身上，還是分享一點我自己的工作風格

（如果跟來賓所說的內容相關的話）。

我腦中的聲音說：「大家是為了來賓才收聽，不是為了妳，所以請閉嘴。」結果，我通常把訪談聚焦在來賓身上。但是，我偶爾會得到相反的建議，於是又重新思考我的方式。

其中一個給我這個建議的人，便是《紐約時報》知名記者卡拉・斯威舍（Kara Swisher），她也是我最喜歡的播客節目《軸轉》（*Pivot*）的主持人。她向我分享了她曾聽過最棒的職涯建議。她得到這個建議時，正在撰寫她的第一本著作，書中敘述了美國線上（AOL）如何在一九九〇年代成為全世界最大的網路公司。

斯威舍告訴我：「我難以招架那一切。我是個年輕的記者，雖然我很優秀，但是我還在生涯非常初期的階段。我充滿了擔憂。我訪問很多人，有好多資訊，實在太多東西湧進來了，我不知道要怎麼整理。」

斯威舍打電話給一個專門寫真實犯罪小說的朋友，這是她認識的人當中唯一寫過書的人。她的朋友也是記者，喜歡在報導一起案件後，把故事寫成書。「我說：『我不知道該怎麼辦，我要瘋了。』」

她的朋友要她冷靜下來，然後說：「妳不能寫美國線上的整個故事，這是**妳**寫的美國線上故事。妳的故事是什麼？妳想說些什麼？」

聽完這個建議後，一切突然變得容易。「我心想：『噢！不是要寫**他們**的故事，而是要寫**我**的故事，那很簡單。』」直到今天，每當斯威舍遇到什麼困難時，她就會提醒自己：這是**她**的故事，不是**隨便一個**故事。

因此，現在我常常想起斯威舍的建議，特別是進行需要發揮創意的企畫時，因為這類企畫通常沒有規則，我不知道應該投入多少的自我。尤其是當我在製作《我是如何工作》，很掙扎要在訪談中分享多少的自我時，我就會提醒自己：「這不是隨便一個訪問這位來賓的節目，而是**我**訪問這位來賓的節目。」

實際演練

1. 想想你正在進行的某個計畫，而你受到了外在標準的引導或者試著符合外在標準。這可能是工作上會用到的簡報、一篇文章或網誌等創意計畫，或甚至可能是你計畫進行某個重要會議的方式。
2. 不要試著用「正確」的方法做事、遵循既定的「規則」，而是要記住，用你自己的方式做才會產生魔法。

用這個簡單的問題把恐懼變成興奮

回想你試圖做一件你很害怕的事情的情景。比如說，你可能必須在一大群人面前發表重要簡報，也可能你鼓起勇氣要跟上司要求加薪，也可能你跳出飛機機艙外（希望你是有降落傘的），或者又有可能你是我在第196頁描述的那個蜘蛛實驗的受試者之一。

如果你跟別人說到你在事件發生前內心的感受，你的朋友很可能好心地跟你說：「最糟能有多糟？」

蜜雪兒．波勒（Michelle Poler）聽過這種建議數百次了。她在二〇一五年攻讀品牌設計碩士學位時，展開了一項在一百天內克服一百種恐懼的計畫。她的碩士班計畫後來變成一個全球運動，影響了數百萬人，被NBC的《今日》節目、福斯新聞、CBS、CNN等電視台報導。

波勒在進行計畫期間試著克服表演脫口秀喜劇、跳下懸崖和跟鯊魚共泳等令她恐懼的事情時，人們經常為了幫助她而說：「最糟能有多糟？」

波勒雖然坦承她應該不會死，但這個問題讓她聯想到很多非常糟糕的情境。「雖然我不會死，但我可能會丟臉、會失敗、會被拒絕、會傷害我的自尊。我們承受風險時，有很多事情都可能出錯。」

「最糟能有多糟？」這個問題最關鍵的問題是，它會讓人想到最糟的情況。所以，波勒發現她必須把這個問題改一改。

「如果我們真的想要面對恐懼，帶著最好的態度去進行這件事，我們就得問自己：『最好的結果是什麼？』而不是『最糟的結果是什麼？』當你去想最好的結果可能是什麼，你的腦袋就只會想到最好的情況。這會提醒你，當初你認為這樣做是個好點子的真正原因是什麼。」

當我們去想最糟的結果可能是什麼的時候，我們的大腦會充斥負面的想法和影像，這只會點燃我們的擔憂和焦慮。然而，當我們設想最好的結果可能是什麼的時候，我們會聚焦在我們即將要做的可怕事情所帶來的各種可能。我們可能可以加薪、可能可以對聆聽演說的觀眾帶來正面的影響，或者可能因為自己有勇氣從飛機上跳下去，而感覺到巨大的自豪（更別說大量腎上腺素）。

發表在《正向心理學期刊》（*Journal of Positive Psychology*）的研究，也支持人們問自己這個問題：最好的結果可能是什麼？[38]這項研究是杜克大學的凱瑟琳・阿戴爾・博魯斯（Kathryn Adair Boulus）所率領的，她發現當人們在一個月之中只要想想未來希望發生的好事想六次，就會感覺自己比沒有專注在未來正向事件的受試者更有韌性、更不憂鬱。阿戴爾也發現，「未來正向事件」組的受試者遭遇令他們失望的事情時，這種感受會比較快消退。所以，我們對不確定的事物越有信心，不僅會在當下更快樂，也更能為未來人生會出現的困難做好準備。

實際演練

1. 下次對於自己即將要做的事件或活動感到緊張或害怕時，問自己：「最好的結果是什麼？」
2. 花幾分鐘寫下你的答案，這樣可以真正內化鼓起勇氣面對恐懼可能為你的人生帶來的可能性。

尋求回饋的理想時機

你剛完成一個重要的簡報，兩天後要向領導團隊發表。你花了無數個小時撰寫和修飾。最後，你覺得簡報的成品真的很不錯。你把簡報傳給團隊成員檢視，隨口請她給予任何回饋。令你意外的是，她傳回了跟購物清單一樣多的批評（她顯然沒有從字裡行間讀懂你其實只是想要得到讚美）。你的感覺馬上就從自信和自豪變成自卑。

在錯誤的時機收到回饋可能讓人極度喪志。著有暢銷書《影響他人購買、投票與決策的六大成功關鍵》（*Made to Stick*）、《關鍵時刻》（*The Power of Moments*）和《你可以改變別人》（*Switch*）的丹．希思（Dan Heath）便曾體會過，時機不對的回饋是多麼令人喪志。

希思說：「我覺得，很多作家都犯了一個錯——已經完成百分之九十了，才開始尋求回饋。這時候，如果你得到負面的回饋，你會沒辦法承受。你的直覺反應會是進行反擊，心想：『噢，那只是在雞蛋裡挑骨頭。』或『我現在沒辦法重新修改了。』」

希思說，尋求回饋最好的時機是完成一半或百分之六十左右的進度時。「早一點尋求回饋可以讓你有足夠的心理空間，必要時就能真正重新思考。」

科學家也探討過這背後的原因。[39]他們發現，人們在完成一份演說稿或草稿後才尋求回饋，主要的動機是想要得到肯定（畢竟他們也是人）；反之，當人們在完成計畫很早之前就尋求回饋，主要的動機是想要改進作品。因此，當我們能夠採取尋求進步的心態（而不是只想證明我們有多棒），研究顯示我們就比較能夠接受批評，進而更有可能接受回饋。

實際演練

1. 不要落入太晚尋求回饋的陷阱，而是在完成一半或多一點點的進度時，把這當作尋求回饋的理想時機。這會讓你更有成效地反省自己的作品，不至於感到喪志。

尋求真正有用的回饋

當我沉浸在寫這本書日復一日的節奏之中時，我也同時試著想出書名。每隔一段時間，我就會寄一份書名清單給編輯評論。但是說實話，我並不是真的想要得到回饋。我想要編輯說：「那是我聽過最厲害的書名了！妳真是取書名的傳奇！」

暢銷書《超速學習》的作者史考特．楊認為，大部分的人尋求回饋時，其實不是真的想要得到回饋。他們當然知道回饋對他們是好的，但是他們真正想要的是肯定。然而，想要善用時間，獲取寶貴的意見是產出最佳成果的關鍵。

楊在撰寫《超速學習》時，曾經跟亞伯拉罕．克魯格（Avraham Kluger）聊過[40]；克魯格和安吉洛．丹尼西（Angelo DeNisi）共同撰寫了一篇跟回饋對表現的影響有關的後設分析。透過後設分析，克魯格發現，人們尋求回饋時並不是真的想要回饋，而且有三分之一的時候，回饋反而會使他們的表現更差。

楊解釋：「這個人說：『我想要回饋。』但是他真正要說的是：『我想要你說我做得很好。』他不是真的想要進步。」

「克魯格發現，如果你在別人沒有真的想要回饋、不是真的在尋求回饋的時候給予回饋，這通常會造成反效果，無法改善他的表現。因此，如果對方不想要利用回饋加以改進的話，你應該給予回饋的這個想法不見得會帶來幫助。」

時常有新秀作家來找楊，希望他給予意見。楊現在已經根據研究調整了他的回應。「有人請我給予回饋時，我的第一個問題通常是：『你想要得到什麼樣的回饋？』我希望當我問對方這個問題時，會促使他思考自己更明確想要問我的問題是什麼，而不是只希望得到籠統的回饋。」

楊發現，這個方法會迫使人們真的去想他們想要得到的東西，這也讓他自己如果真的花時間提供回饋的話，可以更幫助到對方。除此之外，他也發現這會讓他把心態從批判轉為幫助，因為對方已經點出他認為可能需要改進的層面，希望楊明確給予建議。

丹．希思也很崇尚尋求明確的回饋這件事。他從來不會問「你覺得這本書如何？」這種籠統的問題，因為他認為人們可能會為了避免傷他的心而有所保留，沒有百分之百誠實。而且，進度完成一半時，希思不想要人們針對書的核心內容做出回饋。「我不覺得你會想相信花了五個小時思索你的書的人，而不相信花了兩年努力撰寫這本書的你自己。」

但是他說，你可以相信別人針對一個作品的特定層面所產生的直覺反應。所以他會問：「你覺得這個部分如何？」或「這個部分有趣嗎？」或「這兩者你比較喜歡哪一個？」

「我想要在我可以利用回饋的時機點得到回饋，我想要得到夠明確、讓我真正能夠信任的回饋。」

實際演練

1. 尋求回饋時，明確說出你想要哪一種回饋。例如，如果是你書寫的某個東西，你是希望別人幫你挑錯字，還是評論內容是否吸引人？如果是簡報，你是希望別人評論內容、風格，還是你好不好笑？
2. 當別人請你提供回饋時，問對方想要得到回饋的部分是什麼。這會迫使對方思索自己是否真心想要回饋，還是只想得到肯定。這也能幫助你在投入心力提供回饋時更加善用時間，因為你會給對方真正想要也真的會運用的東西。

花錢請人批評你

我們都知道回饋可以幫助我們成長，得到有建設性或負面——而非正面——的回饋是最能使我們成長的。但是問題來了：很多人都不好意思給予負面的回饋。我們擔心會傷到對方的心，或者我們假定我們想提出回饋的點「沒什麼大不了」，於是我們便忘了那件事。

你或許有參加過教你更有效地給予回饋的訓練課程。我參加過好幾場，沒有一個有幫助。身為喜歡討好別人的人，這些訓練沒有讓我更容易給出我知道對方聽了會不舒服的回饋。所以，要怎麼解決這個問題？

賽門．科羅內爾（Simon Coronel）是世界上最頂尖的近距離魔術師之一，因此表演回饋對他來說很重要。但，科羅內爾不是一般的娛樂表演者。他原本在顧問公司Accenture擔任資訊科技顧問，大學讀的是心理學。因此，在精進自己的表演時，他會思考人類的心理。

厲害的魔術表演有一個關鍵，就是要讓觀眾無法破解。科羅內爾以前在測試新的幻術時，會問觀眾他們能否破解背後的機制，但是他們會基於禮貌，說自己看不出來，即使他們可以猜到一些端倪。

為了打破觀眾的禮貌，科羅內爾開始問：「如果我給你們一百萬元猜猜看這個魔術是怎麼變的，你會怎麼說？」他發現，問觀眾這個問題可以讓他們說出心裡的想法（雖然他們不相信科羅內爾真的會給他們一百萬元）。然而，這個問題對魔術師而言很有用，因為如果觀眾能夠說出一些什麼，這表示這個魔術沒那麼驚奇，因此科羅內爾可以再做出改善。

為了尋求回饋，特別是批判類的回饋，他還做了更多。「我在表演廳入口的一張桌子上放了一小疊硬幣，然後在表演結束後跟觀眾說：『你們只要針對表演做出一則評語，我就給你們一塊錢，針對任何方面、任何層次的缺點都算。』我願意付錢得到負面回饋。我就是這麼想要有建設性的批評。」

科羅內爾會問觀眾表演有沒有什麼怪異的地方、令人分心的地方。還有，有沒有冒犯人或不合理的地方？

「有一次，我收到的回饋是，有人因為我的鞋子沒有擦亮所以分心了。這種事情跟魔術本身一樣重要，因為表演的一切都是表演的一部分。這對任何事業或任何產品都是一樣的。一個人跟你的公司或服務互動時，所有的一切都是整體經驗的一部分。」

實際演練

1. 下次當你真的想要獲得有建設性的回饋時，可以考慮付錢給對方或送對方禮物。例如，你可以提議對方只要給你三則有建設性的回饋，你就買一杯咖啡給他。
2. 可以的話，盡量在對方跟你希望尋求回饋的事物互動後，馬上尋求回饋。例如，如果你想得到你所發表的簡報的相關回饋，就在事後馬上尋求回饋。當然，也要邀請人們在想到更多額外的負面回饋時，主動給予回饋。

重新觀看自己的表現

如果你住在澳洲，那你應該有看過桑德拉．蘇利（Sandra Sully）播報新聞，她已經做這一行做了三十年。蘇利解釋：「很多人不知道的是，做這件事其實有表演的成分在裡面。很久以前就有人告訴我，在電視上播報一個小時相當於工作三個小時，因為你會消耗很多精力。」

蘇利形容那是很緊張刺激的一個小時，有很多高低起伏。她一整天都會收到最新的新聞，甚至在實況轉播期間都還在寫最新的報導。報導重大新聞會產生非常大量的腎上腺素。

你可能會以為，擔任新聞主播超過三十年，蘇利應該會認為自己沒有什麼進步的空間。但是恰恰相反，蘇利幾乎每天晚上都會觀看自己的表現。她會觀看自己播報新聞，尋找任何可以改進的地方。

「我很喜歡能夠不斷持續學習的這一點。我從不認為或確定自己已經『到達顛峰』。我總是認為我可以更好。當你接受你做的事情帶有戲劇的成分，你很容易就會養成一些小動作卻沒有發覺，像是看螢幕、轉頭、用特定的聲調說話、停頓等。」

蘇利以閱讀一則新聞的導言為例。「前兩個段落會安排幾個帶有關鍵詞的片語，協助人們理解新聞內容。會寫導言是有原因的，你必須在對的地方使用對的強調語氣。」

蘇利也知道，雖然她可能出現在某個人家中的電視螢幕，但是他們不一定在看她。他們可能在廚房準備晚餐，背景是電視的聲音。「他們通常只是在聆聽我播報，所以我必須強調讓報導內容好理解的關鍵詞。」

「我的任務是，確保我最後做對的部分比做錯的部分還多。我必須對自己感到自在，持續成為我所驕傲的標準。」

我在Inventium所做過最強大的事情之一，就是錄下我發表簡報的過程，然後重新觀看自己的表現。我還記得我第一次這麼做是在將近二十年前。那時候，我參加了一場簡報技巧訓練課程，我們必須發表十分鐘的簡報，然後回看錄影。那真是令人痛苦，你可以想像指甲刮黑板帶來的不適感，然後乘以一萬倍，就是我當下的感受。但，那也帶來了重大的轉變。我完全沒察覺自己竟有這麼多令人分心的動作和語言習慣。察覺到沒有留意到的東西之後，我便能消除那些令人分心的東西，做出更有強而有力的溝通。

在播客主持人這個角色中，我跟製作人凱莉．李奧爾丹（Kellie Riordan）會進行「空中檢查」（aircheck，這個詞彙源自廣播產業）。我們會定期挑出十到十五分鐘的訪談片段，然後凱莉會把它大卸八塊，深度分析我的技巧和講話方式，找出可以更好的地方。空中檢查大大改善了我的訪問和主持技巧（至少我是這麼覺得）。

實際演練

1. 雖然你可能不是新聞主播，但你也可以想想你的工作最重要的職務有哪些。溝通很有可能是其中一部分，不管是書面或口語溝通。
2. 想想你可以如何「重看自己」，以改善表現。假如你在工作上需要進行很多書面溝通，就定期挪出時間客觀地檢視你寫過的一些重要內容。假如你的工作會涉及到口語溝通，就考慮在會議或發表簡報期間錄下自己，然後回看錄影，批判自己（雖然這很可怕）。找看看你有什麼語言習慣或其他妨礙你順暢溝通的東西。

用一個簡單的片語激勵自己做不想做的事情

如果你跟我一樣會在早上運動，那麼你可能有很多時候必須把自己拖下床、勉強換上健身服裝、強迫自己出門跑步。我一星期會運動五個早上，這已經變成一種習慣。但是，有時候我當然也會完全不想運動。我心裡的樹懶會說：「在床上躺久一點嘛！這裡這麼舒服又溫暖！拜託不要逼我在這可怕的冬天早晨到冷冰冰的車庫舉重！

拜託不要！」

但是，我心裡的樹懶馴獸師則會說：「妳必須運動！現在就去！快點，我說『現在就去』！」然後，我就會心不甘情不願地去運動。呃啊。

可是，有沒有更好的方式可以跟自己說話？有沒有什麼方法可以讓我真的想去運動，不會覺得我好像被一個討厭的樹懶馴獸師兼奴隸商人使喚來、使喚去？其實是有的。

圖莉亞．皮特在二〇一一年進行一百公里超馬競賽時，被困在野火之中，全身有百分之六十五受到全皮層燒燙傷。她存活下來了，但這不是她最偉大的成就。圖莉亞後來寫了一本暢銷書、兩次贏得鐵人三項、成為人道主義者，還在二〇一七年產下第一子哈卡威。

當上母親後，她開始察覺到對自己說話的方式，好像她「必須」做某些事。

皮特心裡會想：「我必須清理他的房間、必須準備他的食物、必須清洗他的衣服。當你告訴自己你必須做某件事，你很容易就會討厭那些事，那些事很容易就變成義務，不是你真的想做的事。」

思索她內在的聲音對她造成的影響之後，皮特做了一個簡單的改變，開始改說「我得以」。

「『我得以去接哈卡威、得以跟哈卡威玩、得以在他身邊看他長大。』對我來說，改變內心的語言突然提醒了我，這是一個機會，這是一個選擇，是我能夠非常感恩的事情。」

皮特也開始在自己的工作上運用這個策略。皮特因為工作的關係，要發表很多主題演講。她事前常常感到非常緊張，會被自己的思維困住，損及自己的專注和自信。她擔心自己無法清楚表達或人們會覺得她是個白癡。

「我必須停下來提醒自己，我並不是必須發表演講，而是**得以**發表演講。有一群人想要聽我說話、願意聽看看我要說什麼，其實是一個很酷的機會。」

「得以」策略之所以有效，是因為這把一件事情從雜務變成禮物，激發了內在、而非外在的動機。通常，如果我們覺得自己必須做某件事，那就好像有一股外在力量在告訴我們要做那件事，好像我們別無選擇。但是，如果我們**得以**做某件事，這就把那件事變成我們可以控制和選擇的事情，例如我們選擇去運動。這讓我們的選擇感覺與我們的價值觀和心願相符。

重塑一件事可以減少拖延的時間，因此這是雙贏的局面：你完成了那件事，也很開心自己做了那件事。

實際演練

1. 想想有什麼是你覺得對自己很好、但你的內心會產生負面想法的行為，例如多吃蔬菜或實行運動計畫等你試圖培養的健康習慣。或者，這可能是工作上你一直在逃避或拖延的任務。你很有可能一直告訴自己，你必須做這件事。
2. 刻意把你對自己說的話改成「我得以做這件事」。想想做這件事跟你重視的東西哪裡相符，像是變健康或在工作上表現優良。

提醒自己你有一天會死

佛瑞德．謝貝斯塔（Fred Schebesta）是全球金融科技公司Finder.com的共同創辦人，所以他故意讓世界各地的數百名員工看得見自己的行事曆。但是，他的員工如果仔細看，會注意到上面寫了一些不尋常的東西。

每個月，謝貝斯塔的行事曆都會跳出提醒，上面寫著「Memento Mori」，是古代拉丁語「記得你一定會死」的意思。

謝貝斯塔解釋：「我每個月都會提醒自己，我有一天會死。」不，他不是什麼愛施虐或受虐的變態。這個提醒會讓他檢視自己的內心，問問自己運用時間的方式是否跟他的價值觀和他所重視的事物相符。假如答案是否定的，他就會做出改變。

共同創立價值超過十億澳幣的科技公司Envato的賽恩．塔德曾有過類似的例行事項。「有一陣子，我的手機裝了一個應用程式，會告訴我有一天我會死，而且一天提醒我五次。這個應用程式會想出各種通知，提醒我我一定會死。」

對塔德而言，這個提醒能幫助她活在當下，珍惜每一刻。這也可以幫助她不再擔心不重要的事。

信奉斯多葛學派的古羅馬哲學家塞內卡（Seneca）曾在他的文章〈論人生短暫〉（The Shortness of Life）中寫到這件事[41]：

> 並不是我們活著的時間很短，而是我們浪費太多生命。人生其實很長，只要妥善投資所有的時間；想要達成最高的成就，我們其實擁有相當充裕的時間。然而，當我們的人生被揮霍在不經意的奢侈和無價值的活動上，我們將被迫在死亡最後的束縛中明白，人生已經在我們不知情的情況下消失。因此，我們並不是被賦予短暫的人生，只是我們把人生變短了；我們並不是沒

有資源，只是我們太過浪費。……倘若知道如何運用，人生其實很長。

寫下這段文字時，有好幾個應用程式可以安裝在手機裡，時時提醒你死亡的存在。WeCroak會在一天之中不可預期的時刻發送提醒好幾次；Countdown 應用程式會根據你的年齡、性別、BMI、抽菸習慣和居住地區判斷你在世上還能活多久，顯示倒數計時。

實際演練

1. 設定一個告訴你你會死的定時提醒。你甚至可以排定跟自己開會的時間，刻意花時間思索你在人生中做出的選擇，無論是日常的小事或宏觀的大事。
2. 在這段期間，思考你有多麼活在當下，以及你是否有充分利用在這顆星球上的時光。

反思

複習

□安排人生健檢

每年跟自己預約兩次人生健檢。預約時間到了的時候，問自己：我現在的工作適合我嗎？我來到高原期了嗎？我所做的工作讓我活力充沛嗎？工作場所的文化可以讓我蓬勃發展嗎？

根據自己的回答，擬定計畫解決可以改善的地方。

□把自我懷疑變成長處

下次感覺自我懷疑時，試著把這些感受詮釋成帶來動力的力量，提醒自己你永遠有成長的空間。不要逃避觸發自我懷疑的事物，而是要刻意擁抱它，記得唯有透過挑戰才能進步。

☐重塑與自己的對話

留意你跟別人在一起時會進行的自我審查。試著重塑你對自己說的話，做出跟你害怕的事情相反的舉動。例如，不試著讓自己**看起來**是最聰明的那個人，而是希望離開時**成為**最聰明的那個人。

在考慮要不要接受某個機會時，想想你會不會害怕。如果答案是肯定的，那就接受這個挑戰，因為這是很棒的成長機會。

☐用你的方式做

想想你正在進行的某個計畫，而你受到了外在標準的引導或試著符合外在標準。不要試著用「正確」的方法做事，遵循既定的規則，而是要記住，用你自己的方式做才會產生魔法。

☐最好的結果是什麼？

下次對某件事感到緊張或害怕時，問自己：「最好的結果是什麼？」花幾分鐘寫下答案，這樣可以真正內化鼓起勇氣面對恐懼可能為你的人生帶來的可能性。

❑在進度百分之六十的時候尋求回饋

不要落入太晚尋求回饋的陷阱，而是在完成一半或多一點點的進度時尋求回饋。

❑明確說出你想得到（或給予）的回饋類型

尋求回饋時，明確說出你想要哪一種回饋。例如，如果是你書寫的某個東西，你是希望別人幫你挑錯字，還是評論內容是否吸引人？

當別人請你提供回饋時，問對方想要得到回饋的部分是什麼。這會迫使對方思索自己是否真心想要回饋，還是只想得到肯定。

❑花錢得到批評

下次當你真的想要得到有建設性的回饋時，可以考慮付錢給對方或送對方禮物。可以的話，盡量在對方跟你希望尋求回饋的事物互動後，馬上尋求回饋。

❑重看自己

想想你可以如何「重看自己」，以改善表現。假如你在工作上需要進行很多書面溝通，就定期挪出時間檢視你寫過的一些重要內容。假如你的工作會涉及到口語溝通，就考慮在會議或發表簡報期間錄下自己，然後回看錄影片段，批判自己。

□我「得以」

想想有什麼是你覺得對自己很好、但你的內心會產生負面想法的行為，例如晚上少攝取酒精或少吃甜食等你試圖培養的健康習慣。你很有可能一直告訴自己，你必須做這件事。

刻意把你對自己說的話改成「我得以」做這件事。想想做這件事跟你重視的價值哪裡相符，像是變健康或在工作上表現優良。

□死亡提醒

設定一個告訴你你會死的定時提醒。在這段期間，思考你有多麼活在當下，以及你是否有充分利用在這顆星球上的時光。

第六章

連結
建立更好的人際關係

在由COVID定奪的世界裡，人脈變得極為重要，但在很多時候也變得極為困難。由於很多人沒有每天跟團隊成員在同一個實體空間一起工作，我們很容易在生理和情感上感覺與他人疏離。

可是，要快快樂樂工作、在職涯上取得成功，人與人之間的連結非常重要。跟他人相處時妥善運用時間，不僅能夠在工作上協調得更好，也保證可以為生活帶來更多喜悅。

這個章節會先從一個快速讓人認識你的簡單方法開始，接著會看看如何使用衣物（這邊以T恤為例）達到你要溝通的效果，同時了解出其不意贈送禮物的力量。

我常常覺得自己工作時像一座孤島，但是我們會發現這其實並非如此，同時學習接納合作的力量。

接著，我們會深入探索建立人脈這個大家最愛的工作活動！我們會檢視一些快速培養強大人際關係的方法，以及把人脈網絡活動變得輕鬆又令人享受（是的，沒錯）的祕訣，即使你認為花一整天清理烘衣機濾網的毛絮，還比花幾分鐘的時間跟陌生人閒聊還有趣。

最後，這個章節會告訴你幽默感為什麼很重要，當你跟他人培養人際關係時要如何發揮幽默感的優勢。

撰寫一頁的操作手冊

你最近有沒有買什麼3C產品或電器？或許你開始使用某個更新版的軟體？我猜，這些應該都會附上操作手冊（當然，你可能不會去讀它，你有更重要的事要做）。但當這個產品發生一些問題（日後的某個時間點很有可能會發生），你肯定會開始找它的操作手冊（然後可能怎麼找都找不到，可惡！）。

但是，人類呢？我們比機器還要複雜許多，但卻沒有自己的操作手冊。除非你遇到了戴倫．墨夫。

墨夫是全球軟體公司GitLab的遠距部門經理，他製作了自己的操作手冊，任何人只要有網路瀏覽器都看得到。[42]不，墨夫不是半人類半機器的怪物，他是個非常和藹可親又充滿魅力的人類。他把這份操作手冊稱為他的「讀我」（README）網頁，這個詞其實是一種電腦軟體文件檔案的形式（誰不喜歡電腦程式相關的笑話？）。

墨夫說：「我的『讀我』網頁就像一份操作手冊，讓你可以快速知道要怎麼跟我共事。上面寫到我喜歡的溝通方式、我希望跟你共事能學到什麼以及你需要了解我的事情，例如性格類型、工作風格和我通常偏好的工作時間等。」

他解釋，有這個網頁最大的好處就是快速增進認識。「假如你第一次跟我共事，但我們從來沒見過面，可能連對方長什麼樣子都不知道，那麼我們可能至少要花好幾個小時才能建立起融洽的關係，我們得來來回回進行很多問答，以了解彼此。」

在跟墨夫共事前事先閱讀他的「讀我」網頁只需要花幾分鐘，但你在這幾分鐘學到的東西，會比花兩個星期或更久的時間認識一個你一無所知的同事所學到的東西還多。製作一份介紹自己的操作手冊，可讓跟你共事的人明確知道怎麼充分發揮你最棒的一面以及你的工作偏好是什麼。你們開始共事後，對方也會更理解你所做出的種種反應。

墨夫是從GitLab的CEO席德．西布蘭迪（Sid Sijbrandij）得到這個點子的。西布蘭迪有一個自己的線上操作手冊，在裡面列出了他主要的缺點、優點、他從下屬那裡得到的回饋以及他正積極改進的工作能力。[43]

墨夫建議每個人都要在自己的操作手冊涵蓋幾個關鍵層面。首先，描述你的優缺點和使你獨一無二的特質。描述你的工作風格也很重要，包括你的價值觀和人格特質以及你的痛點。

此外，說明你喜歡的溝通方式也很重要。例如，墨夫偏好使用非同步的溝通方式。「我真的很喜歡書面溝通，如果你能透過簡訊跟我互動，別直接撥打語音或視訊電話，我通常會比較喜歡。但，不是所有人都這樣。這便是為何把這件事寫出來非常有用，這樣就很少有解讀錯誤的狀況。」

實際演練

1. 要製作你的一頁操作手冊，請先回答以下問題：
   - 你的優點是什麼？別人要如何帶出你的優點？
   - 你的缺點是什麼？什麼東西容易帶出你的缺點？
   - 別人應該怎麼跟你溝通才是最好的做法？
   - 你有什麼痛點？
   - 別人容易誤會你什麼？
2. 接著，你可以添加更多關於你的細節，或從墨夫的「讀我」網頁尋找靈感，不過上述這些問題和你的答案就能提供堅實的基礎。

3. 要把你的操作手冊變得更豐富（也更準確），你可以問問曾經跟你密切共事過的五到十個人：

- 什麼可以帶出最好的我？
- 什麼可能帶出最糟的我？
- 我有什麼盲點？
- 我有沒有哪一點是你希望我們剛開始共事時你就知道的？
- 把你得到的回答用來充實你的操作手冊。

4. 決定你想要怎麼分享你的操作手冊。你可以製作一份Word檔案，分享給你的團隊或剛開始跟你共事的任何人，或者你也可以像墨夫那樣，放在網路上給全世界看到（參見第347頁）。
5. 下載範本製作你自己的一頁操作手冊：amantha.com/timewise

利用一件衣物改變行為

要找到一個可以穿越各種雜訊的溝通管道很困難，畢竟我們每天都被電子郵件、電話和會議所轟炸。但是，創意視覺探索應用程式繽趣（Pinterest）的前總裁提姆·

坎達爾卻在衣櫃裡找到了。

到繽趣工作之前，坎達爾是臉書的變現主管。坎達爾憶道：「我還記得我在臉書工作時，那年是二〇〇九年，是這間公司很重要的一年。馬克・祖克柏在一月四日還是五日的時候來到公司，繫了一條領帶。你可以想像，這對馬克・祖克柏來說是很不尋常的。他說：『我這一年每天都要繫領帶，因為這是正經的一年。』」

這個舉動令坎達爾印象深刻。「他就只是每天繫領帶而已，但這為跟他一起共事、替他工作、在他身邊工作的人帶來了很大的影響和象徵意義。」

祖克柏繫領帶的舉動對坎達爾帶來的影響大到當他在二〇一五年換到繽趣擔任總裁時，他也開始思索要如何利用自己的衣櫃傳遞訊息。

在他當上總裁之時，繽趣共有約一千五百萬名用戶。這個組織設了一個目標，要在幾年內獲得兩千萬名用戶（多了那麼一些些而已啦）。為了達成目標，公司必須專注。

坎達爾憶起一個關於蘋果iMac、iPod和iPhone的設計師強尼・艾夫（Jony Ive）的小故事，內容跟專注的重要性有關。艾夫曾說過一句名言，那就是當你全身上下都感覺你必須做的事情有三件，但你只挑一件來做，這就叫專注。

「我希望每個人都能記住，大部分的人——包括我自己——都會自欺欺人，認為自己很專注。他們告訴自己：『我列了二十件我可以做的事、二十個我可以完成的計畫、二十個我可以開發的產品功能。』然後，他們把清單減半，就說：『我好專注。』但，真正的專注是有二十件事要做，但是只做一件。」

為了對成長中的公司傳達這個訊息，坎達爾在全體員工會議上站起來，露出身上穿的T恤，上面寫了「專注」兩個字。「我在全公司面前說：『在我們達到兩千萬名用戶之前，我都要穿這件T恤。』」

有趣的是，研究證實文字和圖像等象徵符號確實可以改變行為。在由聖加侖大學的亞曼達．尚茨教授（Amanda Shantz）所率領的一個特殊研究中，研究者給了某募款客服中心的員工一個關於工作內容的資訊工具包。[44]其中一半的工具包放了一張女運動員以勝利之姿跑步的照片，另外一半則沒有。結果，拿到有女性跑者照片的工具包的人一整天下來所募到的款項，比沒有拿到照片的組別還多。不知怎地，女性跑者的照片在潛意識裡轉變了那些員工的行為。

最後，坎達爾一直穿著那件T恤，直到大約四年後的二〇一八年一月離開這間公司為止（坎達爾製作了很多件T恤，所以這麼做沒有衛生疑慮）。

「我認為，當你身為一間公司的領導者，而這間公司從幾十名員工成長到幾百人、幾千人，你手邊可以用來跟他們溝通、使用象徵符號傳達你的思想的東西會越來越少，特別是當公司在成長的時候。」

實際演練

1. 如果你有重要的訊息要向員工傳遞，試著避開電子郵件或全體員工會議等平常會用的手段（打哈欠）。
2. 想想可以使用什麼常見溝通管道以外的方法，穿過所有雜音，真正與受眾連結。你可以利用你的衣櫃，或者舉行更多的線上會議，又甚至是撥打所有視訊電話時使用特殊的背景或道具。

出其不意贈禮具有強大的力量

幾年前，共同創立了房地產公司Gary Peer的拍賣家菲利普・金斯頓（Phillip Kingston）要拍賣一間位於墨爾本市中心的七樓公寓。他還記得，這一棟公寓大樓十分迷人，總共包含五十間公寓。他在等電梯的時候，注意到「往上」的按鈕上方有一個護貝的標示，就放在按鈕正上方，所以一定會看見。

金斯頓憶道：「標示上畫了一個笑臉，寫了一段話，大意是微笑可以改變世界，身為這棟大樓的居民，讓我們永遠記得對在電梯裡看到的其他人微笑。有很多人在面對工作場合的其他人時會忘記微笑。最令我驚愕的一種情況是，走進一家咖啡廳，看著排隊等咖啡的人，卻發現沒有人在交談。他們全都在看自己的手機。」

金斯頓說，在拍賣日那天保持幽默、讓人們露出笑容，可以對拍賣過程造成很大的影響。微笑會讓人出現生理上的變化，他們會感覺比較快樂、開放。「笑容或笑聲可以完全改變一個局勢。」

我自己就曾經參加過好幾次金斯頓在墨爾本的拍賣會，可以擔保這確實比較像脫口秀喜劇，而非平常那種無聊單調的拍賣會。好幾年前，我帶當時四歲的女兒法蘭琪去看金斯頓的拍賣會（沒錯，我的生活就是充滿古怪的活動——在週末參加拍賣會純粹為了好玩）。他在人群中看見我們，拍賣到一半突然走去他的車子，拿出一個包好的禮物，走向我們，把禮物送給我女兒。法蘭琪馬上拆開，發現裡面是一盒巧克力。不用說，金斯頓馬上變成法蘭琪的英雄，她也大大地咧嘴而笑做為回報，現場的人都笑了。

金斯頓會花很多時間思考如何在拍賣日創造幽默和快樂，為客戶帶來更好的結果。

金斯頓告訴我：「我很喜歡出其不意地贈送禮物。我喜歡那種驚喜感，我會走到車子，拿出一個包裝得很美的東西，買家或對方不知道那是什麼，但是這會改變我們之間的關係。」

我的Inventium團隊近年來曾使用這個策略好幾次。我們運用這個策略的其中一個時機，就是沒有成功敲定一筆大生意時。我們不會悶悶不樂，而是做了出人意料的事情：送拒絕我們的人一份小禮物，附上紙條表示我們希望未來彼此有合作的機會。

我們在Inventium還有另一個傳統，稱作快樂一月。我們沒有在預期之中送客戶聖誕禮物，而是在一月的時候送卡片和禮物給他們。老實說，這個傳統起初源自Inventium早期，當時我來不及在聖誕節之前寄禮物給客戶，所以最後只好在一月寄送。

自從那時，我們每年都在沒什麼人送禮的一月給客戶驚喜，這麼做已經超過十年了。偶爾，這個舉動會讓客戶主動聯繫我們，要給我們新工作或轉介別的客戶給我們。這對**我們**來說自然是個美好的驚喜，也讓我親身感受到維繫人際關係時多想一些、多花一點時間，在未來可能帶來報酬。

實際演練

1. 找機會出其不意地贈禮，帶給對方驚喜。不要在容易預期的時間點送禮，而是在人們最沒料想到的時候贈送。

別再認為自己是座孤島

雖然我在Inventium有一個十人團隊，但我時常覺得自己工作時就像一座孤島。我大部分的工作感覺都像個人任務，如書寫、做研究、演講、製作播客等。雖然我身邊有很多人會幫我執行這每一項任務（沒有他們我不可能做到這些），但是當我遇到困難時，卻鮮少想到可以主動尋求幫助。因此，我才會持續實行馬克斯・巴金漢的每週儀式。

馬克斯・巴金漢是一個在職員互動方面的全球專家，他針對這個主題寫過好幾本暢銷書，還經營一間顧問公司，協助全球各地的公司。巴金漢的工作跟我的一樣，有很多書寫、研究和演講的部分，但是他深深了解團隊的力量。

我訪問他的時候，他才剛完成一個橫跨十九個國家和許多不同產業的大型研究。巴金漢告訴我：「如果妳問我，最能定義工作的特性是什麼，那就是我們都是在團隊中工作，沒有人是獨自工作的。就算是個人承包商，我們全都互有連結，因此工作永遠都是團隊工作。百分之八十三的人說，他們大部分的工作都是透過團隊完成。」

巴金漢說，雖然你這個星期可能發揮了不少個人巧思，但是你這個星期要做的事情幾乎全都需要依靠、仰賴或尋求別人的力量。「當然，跟別人一起能做到的比自己一個人更多。」

巴金漢針對這個洞見創造了一個每週例行事項，他總是認真地執行。在每個星期的一開始，他會花大約十五分鐘思索他這個星期的優先順序是什麼，並根據這個問題的答案問自己：「我需要誰的幫忙？」

我還記得聽到這個問題時，我很驚訝，因為我從來沒有這樣問過自己。「這是一個很簡單的例行事項。世界運轉的速度很快，但是如果我每個星期都能做到這點，我就可以對這個星期最重要的事情抱持超級明確的意圖。」

「每個星期都想想你需要誰的幫助，不但會讓你想想他人和使他們參與其中的方式，而且也相當實用。你無論如何都得跟他人共事，所以你不如刻意思索這些人是誰。」

預期你可能會需要誰的幫忙並主動提出要求，比起最後一刻才被迫做出要求更能善用時間。

實際演練

1. 在每個星期的一開始明確訂出這個星期的優先順序或目標。
2. 不要把自己想成一座孤島，或者感覺你非得什麼都自己來。問自己：「我需要誰的幫忙？」這些人可能就在你的團隊中，也可能不是，無所謂。重要的是你要對自己坦承你可以尋找幫助以實現目標，沒人期許你自己完成所有事。

你必須成為極端的給予者

我猜想，艾瑪．艾薩克斯（Emma Isaacs）的數位名片盒肯定就像思想領袖的名人堂。她創立了商業俏妞（Business Chicks）這個支持全球數以萬計女性商人的組織，同時擔任其全球CEO，因此自然吸引了全世界不少大人物到她的公司發表演說。理查．布蘭森（Richard Branson）、賽斯．高汀（Seth Godin）、妮可．基嫚（Nicole Kidman）、茱莉亞．吉拉德（Julia Gillard）、布芮尼．布朗（Brené Brown）和鮑勃．格爾多夫（Bob Geldof）都曾經踏上她的講台。

你可能很容易認為自己跟這些人的緣分僅限於那次活動而已，但是艾薩克斯非常懂得維繫人際關係。

艾薩克斯說：「我總是把人際關係視為長久的。我不是得到他們後，把他們嚼一嚼，然後就吐出來。」你可能很容易認為，所謂的長久關係只是把他們放進電子報的寄件名單或在電子名片社群平台領英公司（LinkedIn）上面跟他們建立聯繫，但是對艾薩克斯而言，這完全不是這麼回事。

「這指的是在他們人生中充滿意義的時刻祝賀他們。」例如，艾薩克斯會記錄他們的生日或發表新書的日子。她甚至會送書籍作者一顆印有新書書封的翻糖蛋糕，並附上一張手寫的卡片。這是建立關係的聰明美味策略。

艾薩克斯經常思索她能如何真誠地支持他人。她會在領英平台上留下肯定或在亞馬遜書店上留下書評。「我可以向你保證，全世界的每一個作家都會看亞馬遜書評，他們知道到底有誰替他們的著作寫評論和打分數。」

艾薩克斯也會刻意每隔一段時間就主動聯繫他們，問一些簡單的問題，如：你現在需要什麼？我能為你做什麼？我能如何支持你？

理查．布蘭森是她這些年來漸漸建立起強大連結的其中一人。這段關係最初是從理查．布蘭森到商業俏妞公司的一場活動上發表演說開始的，但是後來這兩個人在許多不同的活動中合作超過十年。「我支持過他的慈善計畫，曾到南非的布蘭森創業學院擔任講師。我也曾經替他位於英屬維京群島的中心做過事。所以，我總是一直詢問我能替這些人提供什麼有意義的支持，給予他們有價值的東西。」

艾薩克斯的預設心理就是思考她能給予什麼。她相信，當你只是為了自己的利益想從某人身上得到某些東西，而不考慮對方的需求，他們大老遠就聞得出來（那絕對不是香奈兒五號香水的味道）。

「我總是在想：『我可以怎麼跟他人連結？我可以如何提供價值？我可以如何把人們的需求連結起來？』我的腦袋裡總是不斷會有這種如何服務他人的獨白。」未來的你一定會感激你現在投入時間主動對他人釋出善意。

實際演練

1. 試圖跟某個人建立長久的關係時，採取慷慨的心態，做出高度個人化的給予舉動。
2. 留意這個人的重要人生里程碑，例如展開新工作、生小孩或是在工作上獲得重大成就等。
3. 想想你可以如何支持他們或給予他們一些別具意義的東西，而不是只有普通的電子郵件或社群網站上的一個「讚」。記住，客製化的蛋糕總是討喜。

不用認識新的人也可以建立好人脈

「我超喜歡參加人脈網絡活動，跟陌生人閒聊！」沒有人會這樣說。幸好，針對這個主題寫了一本書籍《人脈風格》（*Social Chemistry*）的耶魯大學管理學院組織行為學教授瑪莉莎．金恩（Marissa King）有一個每週儀式，把這類活動變得比較愉悅一些。

金恩解釋，我們既有的人脈就具有強大的力量。大部分的人要改善人脈所能做的最有影響力的事情，就是喚醒沉寂的人際關係。沉寂的人際關係是指你可能已經兩三年、甚至更久不見的人。

由羅格斯商學院的丹尼爾．列文（Daniel Levin）所率領的研究便檢視了聯繫沉寂人脈的好處。[45]研究人員叫受試者列出十個目前有在聯絡的人脈和十個已經兩三年沒聯絡的人脈，接著要他們重新聯繫那些人，向他們尋求建議或協助。列文和他的同事發現，沉寂的人際關係非常強大，不僅可帶來更有創意的點子，這些關係之中存在的信任感也沒有消失。

金恩根據這項研究設計了一個儀式，每個星期五都會進行。「我寫下兩三個人的名字，然後聯繫他們，只說一句：『嘿，我想到你。』有時候，我有事情想求助他們或希望從中獲得某個東西，如回饋或問題，但大部分的時候我只會說：『嘿，我想到你。』這為我帶來莫大的喜悅，同時也非常有幫助。」

在展開這個儀式前，金恩有點猶豫。「我心想：『天啊，這不會很尷尬嗎？』」老實說，要是我也會這麼想。但是，結果並不是如此。

「這件事做越多次，你越明白這其實很棒。設身處地想像對方的立場，也對我很有幫助。我會想像，如果我收到這封電子郵件會很開心嗎？答案幾乎都是肯定的。」

金恩會想想她能如何幫助自己重新建立起聯繫的那些人。她有三個方式。

第一個是說「謝謝」。「我們知道表達感謝是極為強大的連結方式，所以我會想：『我現在有沒有想到哪位良師或幾年前給過我建議或成為我的榜樣的人？』然後我會聯繫他們，謝謝他們做過的事。」

這感覺好像沒什麼大不了，但是研究發現，人們往往會低估表達感謝和讚美他人的效果。[46]在其中一項研究，受試者不是讚美他人，就是被他人讚美。接著，研究人員要受試者預測自己在給予或得到這類言語之後，會讓對方感覺多正面。研究人員發現，人們顯著低估了自己的讚美提振對方心情的程度（親愛的讀者，可否容我說一句，你今天看起來真是容光煥發？）。

金恩聯繫原有人脈的第二個理由是，分享她認為對方會喜歡的東西，如一個播客節目或一篇文章。「我們每個人都有很多東西可以給予，光說『我想到你』從很多方面來說就是一份禮物了。」

最後一個理由是請求協助，她認為這也算是一份禮物。人們很享受自己的專業被重視的感覺，研究也顯示，當有人請我們幫某個人時，這會讓我們覺得跟自己協助的人更親近。

金恩說，雖然她跟對方已經好幾年沒聯繫，但是她幾乎都有得到回應。她坦言：「我甚至想不到沒有得到回應的例子。」

她的建立人脈儀式為她帶來了很大的影響，特別是在二〇二〇年她大部分時候都因為疫情的關係必須在家隔離的那段時期。

「特別是在過去這一年，這簡直是我的救星。在我覺得自己跟他人沒有那麼多連結的時刻，這讓我感覺與他人產生連結。」金恩的丈夫也有實踐這個儀式，還因此找到一份新工作，雖然他根本沒有要找工作。那是可以跟一群很棒的人一起共事的夢幻工作，替他們家帶來重大的轉變。

花時間經營既有的人際關係不僅能帶來美好的交流，還可能帶來轉變的機會。

實際演練

1. 每個月（或者你可以學金恩，把這變成每個星期的活動）挪一點時間寫下兩三個你好幾年沒聯繫的人。
2. 想想你可以如何幫助他們。你可能想要謝謝他們曾經做了某件事、分享他們可能喜歡的東西給他們，或甚至請他們針對你正在進行的計畫提出建議。

快速建立融洽關係的訣竅

快速與人建立連結對我們的職涯有很多好處，像是幫我們改善跟同事之間的工作關係、談成一筆生意或擴展我們的人脈網絡。有些人可以輕而易舉建立起融洽的關係，彷彿他們全身上下的毛孔都散發出迷人的魅力。好消息是，建立連結和打破隔閡這個技能是可以學習的。

大衛．科赫（David 'Kochie' Koch）主持廣受歡迎的晨間電視節目《日出》（*Sunrise*）已經將近二十年。訪問名人是他的工作之一，那些人往往是非常鼎鼎大名的人物。但是，訪問名人的挑戰是，他們受過媒體訓練，他們有固定的談話重點，他們面對媒體時通常不會流露出真實的樣貌。

對科赫來說，找出能夠在短時間建立強大連結的策略才能進行很棒的訪談。從他多年來的訪談經驗中，他找到了一個鮮少失敗的策略。

他解釋：「在電視上訪問他們時，我總是會問他們的成長背景。例如他們跟兄弟姐妹的關係、他們的爸媽、他們一家人會做些什麼。這讓我更了解他們。」

「不管你是十八歲還是八十歲都一樣，你絕對是家庭背景的產物，永遠不會喪失這一點。你可能認為你不是，你可以假裝你變得不一樣了，但是你永遠不會變。那就是我每次切入的點。」

這個策略適用於每個人，因為我們全都有家庭（儘管型態可能不一樣），也全都有好玩的故事可以分享。但是，當你跟某個人初次見面時，卻很少選擇這個話題，名人更是不會預期短短的電視訪談會問到這些事。

「很少人會問家庭的事。例如，《日出》有一次邀請酷娃恰莉（Charli XCX）來上節目，她的新專輯封面蠻火辣的，是她的裸照。她講到這件事時，我便問：『妳媽媽有什麼想法？』她說：『我有事先打電話給她，那讓我有點尷尬緊張。』這就展現出她人性和脆弱的一面。」

科赫繼續對酷娃恰莉採取家庭路線。他在做功課時發現她的父母有借她錢，讓她錄製第一張專輯，於是他就問她錢有沒有還了。「她說：『噢，還沒。』然後我開玩笑說：『這樣不是個好女兒喔！』這突破了媒體訓練的那道牆，把她變得跟任何人一樣。因為，誰沒跟父母借過錢？」

實際演練

1. 下次在工作場合中試著跟某個人建立連結時，要抵抗直接談到工作話題的衝動，詢問他們關於家庭和成長背景的事。談到童年和家庭這些我們都有的經歷，你便能夠快速建立更強大、更具有人性的連結。

認識新朋友該如何避免無意義的閒聊

凱文．羅斯表面上超級有自信。他是臉書、推特和Square的天使投資人，還創立了社群新聞網站Digg。他主持了美國最受歡迎的播客節目之一《凱文．羅斯秀》（*The Kevin Rose Show*），同時還是創投公司True Ventures的合夥人。他絕對不是毫無成就的人。然而，羅斯卻說自己有社交障礙，待在一個沒有他認識的人的地方，會讓他很緊張。

除了社交障礙，羅斯超討厭無意義的閒聊。於是，他想出一些策略讓自己更容易跟新朋友（或和他本來就認識的人）聊天，避免無聊的閒話家常。

「我會試著找到彼此的興趣。我有很多古怪的興趣，所以如果有人說：『你最近在做什麼？』或『你有什麼新消息？』我會回答我正努力用樹幹種植猴頭菇之類的。通常，對方會回說：『哇，再多告訴我一些。』或者他們會分享自己的怪異嗜好。聊這些很有趣，而不只是說：『噢，天氣糟透了。』」

參加活動之前，羅斯會花時間仔細想想他最近做了什麼有趣的事，他可能遇到的人可能對什麼有興趣。

他也會思考，自己想跟哪一類型的人建立連結，這通常是跟他一樣總是不斷探索新事物、終身學習的人。他會刻意思索哪些問題可以帶出這些特質，例如：「你最近在研究什麼？」或「你在嘗試什麼令人興奮的新奇事物？」

華盛頓大學所做的研究也支持羅斯這項策略的成效。副教授翠莉．列文森（Cheri Levinson）和她的同事發現，當人們想到自己獨特的經歷、故事和特質，他們在社交場合就比較不會感到焦慮。[47]察覺自己獨一無二的特質，會讓我們沒有那麼容易產生社交焦慮。

最後，羅斯發現人們通常會有一本好書可推薦，這也是避免閒聊的好方法。「我很喜歡跟別人說我在尋找下一本該讀的書，所以我會問他們：『過去六個月你讀了什麼真的很喜歡或可以跟我分享的書？』人們通常都有非常興致勃勃想要分享的東西。」

跟別人第一次見面時採取這個策略，可以把對話帶往出人意料的方向。即使你們不會相處很久，避免閒聊也可以帶來有用且有益的對話，好好善用了每個人的時間。

實際演練

1. 下次即將參加某個社交聚會，但你不太認識參與者的話，可以想想三到五件你正在進行的新奇或獨特的計畫。
2. 當有人問到（他們必定會問）：「你最近在做什麼？」就回答其中一件事。這絕對會帶動有趣的對話。
3. 如果你跟羅斯一樣喜歡跟同樣是終身學習者（或菇類種植者）的人建立連結，你可以問對方：「你在嘗試什麼令人興奮的新奇事物？」你也可以問：「過去六個月你聽過什麼真的很喜歡的播客或有聲書？」

在社交活動認識新朋友沒那麼可怕

我在二〇一九年第二次參加TED研討會。如果你沒去過「TED本土」（我都這樣稱呼那個地方），你可以想像兩千位世界上最有成就的人物聚在一個大型會議中心的景象。此外，他們全都像是好哥們，但是你卻一個人也不認識（只有在電視上看過他們或讀過他們的書或在遠方崇拜他們）。很嚇人，對吧？

傑瑞．迪施勒（Jerry Dischler）是Google產品管理的副總，負責領導廣告團隊。TED2019是他第一次參加的TED研討會。他屬於內向型的人，因此要想辦法把跟兩千個陌生人見面這件事變得不那麼嚇人。他也想從那些很了不起、成就卓越的陌生人身上學到很多東西。

後來，迪施勒在研討會認識了一個人，他教他一個很棒的策略。「這個人自稱內向，但是看起來一點也不內向。我問他：『你是怎麼辦到的？』他說：『其實，我把這當成電玩。』他假裝自己在電玩裡是一個很外向的角色，跟新朋友說話就能得分。」

把一件可怕的事變成一件有趣的事，可以有效地改變行為。人類會因為感覺自己有進步而受到激勵，而透過認識陌生人就能得分，顯然是取得進步的方式。此外，出現得分的機會，會讓我們忘記必須對這輩子從來沒說過話的人自我介紹的恐懼感（或更糟的癱瘓感）。

玩這種遊戲其實就是在拐騙我們自己表現得更外向、更有社交自信。有趣的是，研究顯示，假如內向的人表現出外向的樣子，做出跟外向人格有關的活動，如報名新的運動課程、參加社區活動或在他們不認識任何人的地方當志工，他們的心情會有所改善。[48]

在一個研究中，受試者被要求加入他人的對話。對話展開前，一些受試者被告知要表現出外向的樣子，包括大膽、堅決、隨興、健談，另外一些受試者則被告知要表現出內向的樣子，如安靜、靦腆和保守。表現出外向模樣的學生感受到比較多正面的情緒，旁觀者也認為他們比較興奮、興致勃勃和正向。

身為一個驕傲的內向者，我必須點出，當一個內向的人也有很多很棒的地方（所以，內向者請不要試著改變自己），但是在某些情況下，跟你不太熟的人相處時，這些策略會很有益。你不但會比較快樂，也能跟你的交談對象建立更強大的連結。

實際演練

1. 下次你在參加活動時如果很緊張，就把這個經驗轉變成一場遊戲。
2. 想想看，設定什麼樣的報酬規則會使你充滿動力。你可以想像自己在遊戲中得分，或者給予自己有形的獎勵，像是跟多少陌生人說話就可以吃大餐或去按摩。

3. 為自己設定目標。以建立人脈網絡的活動為例，你可以把目標設為五分，只要認識一個陌生人、得到他的聯絡資訊，就能得一分。

4. 達成目標後，給自己獎勵。把獎勵跟你懼怕的行為聯想在一起，可以減少你所感受到的恐懼，增加這個行為——這個例子指的是建立人脈這件事——給你的愉悅感。

把人脈活動變容易的簡單數字訣竅

我一向把商業活動和研討會視為毒蛇猛獸，能避則避（事實上，你唯一會看到我出席一場活動的機會，就是我剛好要在那場活動演講的時候）。我超討厭走進一個巨大的研討會大廳，看見人山人海的陌生人的感覺。每個人好像都很開心，在跟失散多年的朋友建立連結，而我卻感覺自己是邊緣人。我總是不知道該如何融入人群，找到一個想要跟我說話的人。

瑪莉莎．金恩痛恨人脈活動，但諷刺的是，她已經研究社交網絡超過十五年。金恩是耶魯大學管理學院的組織行為學教授，曾寫過《人脈風格》這本書，探討了人脈網絡背後的科學。

金恩跟我（以及可能地球上的每一個人）一樣，真的很不喜歡走進一個充滿陌生人的房間，必須跟她不認識的人展開對話。還好，她的一些研究可以幫幫我們。金恩解釋：「從研究中，我們得知人群其實不會形成人牆或人海，而是傾向聚集成一個一個的小團體。」

「所以說真的，那稱不上人山人海，而是一座座小島。於是，問題就來了：『現在我知道他們只是小島，事情感覺比較好掌握了，那我接下來該怎麼做？』研究人員發現，人們幾乎都是成雙成對地互動，這是最基本的人類互動單位。我們只有兩個眼睛和兩隻耳朵，而且我們的聽覺會產生所謂的雞尾酒會效應，也就是只會專注在一個聲音上。」

因此，金恩會看著一座座聚會者組成的島嶼，然後尋找由奇數組成的團體。「他們可能有三、五或七個人，這不重要。只要是奇數，那一定有其中一人沒有真正參與對話，很可能在找可以跟他對話的人。因此，這個非常基本的策略對我來說很重要，可以讓我應付我在這類場合所感覺到的社交焦慮，因為這讓我有了方向。」

站在旁邊浪費時間等待「融入」時機的日子已經過去了，現在你可以輕易跟陌生人建立連結，同時幫助那位可能感覺被冷漠的第三者。

實際演練

1. 下次參加活動時，如果你不認識任何人或想認識新朋友，可以找找看由三個人（或任何奇數人數）組成的團體。
2. 接近那個團體，找出被冷落的那個人（其中一人一定沒有參與對話），然後跟他進行一對一的對話。

寄送好笑一點的電子郵件吧

你收到的電子郵件有百分之幾內容很無趣？信中是不是寫了一些容易預測的字句，如「根據我們的討論，我有以下的想法」、「看完這份報告後，請回傳給我」或「這是我上一封信提到的ＸＸＸ」？

打哈欠。

顯然，我跟你從來沒在信件中打過這類句子。我們比那種東西風趣、有創意又活潑多了，對吧？

娜歐蜜·巴多納斯（Naomi Bagdonas）是一位策略和媒體顧問，同時也在史丹佛商學研究所教導幽默，並共同撰寫了暢銷書《認真看待幽默》（*Humor, Seriously*）。因此，巴多納斯會認為在電子郵件注入幽默感具有很多好處，或許並不叫人意外。

巴多納斯解釋：「想想我們每天收到的那些爆炸多的電子資訊，那真的很驚人。幽默感是很強大的手段，可以把訊號跟噪音區分開來。這對過去二十分鐘讀了四十封正經八百的商業信件的人來說，也是一份禮物，因為他終於讀到稍微輕鬆一點的電子郵件了。無論是標題的雙關、GIF動圖或純粹只是一句意料之外的話，都非常強大。」

幽默感可以讓你寫出一封別人真的想要回覆的電子郵件，而不會被他們快速看過、不放在第一位。一封好笑的電子郵件也能幫助你跟收件者建立起更強大的連結。

巴多納斯要學生進行電子郵件審查，檢視他們上次寄出的十封電子郵件。接著，她舉行一場比賽，要看看誰能找出最呆板的商業內容，也就是連機器人都寫得出來的一句話。學生會把自己的發現分享給全班，有時是使用訊息，有時是戲劇化地朗讀出來。

這個練習是要提醒人們，我們的溝通方式越是受到科技左右，我們就越容易喪失幽默感和人性。她解釋：「我們會無意識地跟著媒介做出調整，當我們持續使用科技進行溝通，就很容易像機器人那樣說話。」

她推薦三個把電子郵件變活潑的簡單方法。

第一，寫得像人類。不要說「附檔為您在我們上次的討論中所要求的簡報投影片」，而是說「我在這裡附上了投影片給你」。這聽起來好像很簡單，但卻非常有效，可惜極為少見。收到一封讀起來像真人、而非商業機器人所寫的電子郵件會讓訊息讀起來更令人愉悅。你不必是喜劇演員也能做到這點。

第二，使用巴多納斯所說的「意外結尾」。不要寫「敬上」，而是寫一些跟信件內容有關但卻出人意料的結語。她舉了一個例子：有一次她在下午三點打了一通電話，對方提到她那天已經喝了三杯咖啡。巴多納斯說她正在喝第二杯，兩人因此哈哈大笑。所以，巴多納斯在打完電話後寄電子郵件給對方時，在最後寫上：「您重度咖啡成癮的朋友上。」

第三，利用「回想」。回想的意思是提及過去某個很好笑的時刻。「打電話時——特別是跟新客戶通話時——我會留意我們一起自然大笑的時刻。我們可能在某個時間點笑了，那我就會寫下這個時刻，然後在電子郵件中重新提及。例如，我打電話給某個人，試圖邀請他到史丹佛的課堂上演講。他開玩笑說他很迷信。於是，我在寫給他的電子郵件中這麼說：「我們非常希望你可以來。我們已經暫時排定你的演講，同時一邊交叉手指、一邊撫摸兔腳鑰匙圈、一邊在許願池投入一千美分的硬幣，真的希望你會來。」

假如這三種方法都沒有用，巴多納斯說一個適時插入的梗圖也相當有效，但是不要使用過頭。另一個運用幽默感時需要注意的事情是，永遠不要開底下人的玩笑，也就是把地位比你低的人當作笑話的對象。巴多納斯解釋：「如果你位於金字塔的最頂端或屬於權威人物，自嘲很安全。」

反之，如果你不是最高階層的人，你可以「開上面人的玩笑」，也就是把地位比你高的人當作笑話的對象。這樣做可以幫助你獲得地位和影響力。

實際演練

1. 進行電子郵件審查。到你的寄件備份匣，標出你在上次寄出的十封電子郵件中所使用的所有呆板用語。
2. 透過以下方式把你的電子郵件變得更輕鬆活潑：
   a. 寫得像人類，避開商業領域常用的用語。
   b. 練習在電子郵件的結尾做出意料之外的結語。
   c. 利用回想策略，刻意回想你跟收件者在開會或對話時曾哈哈大笑的時刻，然後在電子郵件中以幽默的方式提及這些時刻。

d.使用GIF動圖，但是不要使用過頭。

連結
複習

□ 一頁操作手冊

要製作你的一頁操作手冊，請先回答以下問題：

- 你的優點是什麼？別人要如何帶出你的優點？
- 你的缺點是什麼？什麼東西容易帶出你的缺點？
- 別人應該怎麼跟你溝通才是最好的做法？
- 你有什麼痛點？
- 別人容易誤會你什麼？

決定你想要怎麼分享你的操作手冊。你可以製作一份Word檔案，分享給你的團隊或剛開始跟你共事的任何人，或者你也可以放在網路上給全世界看到。

❑利用衣物傳達訊息

如果你有重要的訊息要向員工傳遞，想想可以使用什麼常見溝通管道以外的方法穿過所有雜音。你可以利用你的衣物，或者舉行更多的線上會議，又甚至是撥打所有視訊電話時使用特殊的背景或道具。

❑出其不意的禮物

找機會出其不意地贈禮，帶給對方驚喜。不要在容易預期的時間點送禮，而是在人們最沒料想到的時候贈送。

❑你需要誰的幫忙？

在每個星期的一開始明確訂出這個星期的優先順序或目標。不要把自己想成一座孤島，問自己：「我需要誰的幫忙？」這些人可能就在你的團隊中，也可能不是。告訴自己，尋找幫助以實現目標沒有關係，沒有人期許你自己完成所有事。

❏極端地給予

試圖跟某個人建立長久的關係時，採取慷慨的心態，給予時保持高度的個人化。留意這個人的重要人生里程碑，例如展開新工作、生小孩或是在工作上獲得重大成就等。想想你可以如何支持他們，而不是只有普通的電子郵件或社群網站上的一個「讚」。

❏喚醒沉寂的人際關係

每個月（或者你可以跟金恩一樣有野心，每個星期進行一次）挪一點時間寫下兩三個你好幾年沒聯繫的人。想想你可以如何幫助他們。你可能想要謝謝他們曾經做了某件事、分享他們可能喜歡的東西給他們，或甚至請他們針對你正在進行的計畫提出建議。

❏詢問對方的家庭

在工作場合中試著跟某個人建立連結時，要抵抗直接談到工作話題的衝動，詢問他們關於家庭和成長背景的事。談到童年和家庭這些我們都有的經歷，你便能夠快速建立更強大、更具有人性的連結。

☐預先計畫獨一無二的聊天主題

下次要參加某個社交聚會，但你不太認識參與者的話，可以想想三到五件你正在進行的新奇或獨特的計畫。當有人問到（他們必定會問）：「你最近在做什麼？」就回答其中一件事。

☐把認識新朋友當成遊戲看待

你在參加活動時如果很緊張，就把這個經驗轉變成一場遊戲。設定一個會使你充滿動力的報酬規則，例如想像自己在遊戲中得分，或者給予自己有形的獎勵。接著，為自己設定目標，例如五分，只要認識一個陌生人就能得一分。達成目標後，給自己獎勵。

☐尋找奇數

下次參加活動時，如果你不認識任何人或想認識新朋友，可以找找看由奇數人數組成的團體。靠近那個團體，找出被冷落的那個人，然後跟他進行一對一的對話。

□寄送好笑的電子郵件

進行電子郵件審查，到你的寄件備份匣，標出你在上次寄出的十封電子郵件中所使用的所有呆板用語。

透過以下方式把你的電子郵件變得更輕鬆活潑：

a. 寫得像人類，避開商業領域常用的用語。

b. 練習在電子郵件的結尾做出意料之外的結語。

c. 利用回想策略，刻意回想你跟收件者在開會或對話時曾哈哈大笑的時刻，然後在電子郵件中以幽默的方式提及這些時刻。

d. 使用GIF動圖，但是不要使用過頭。

第七章

精力

保持活力

現在是下午兩點，你開始晃來晃去。你正在經歷心理學家所說的典型「午後倦怠期」。[49]雖然你的午餐還沒消化，但你還是吃了一些巧克力，希望提振精神。但是很遺憾，你知道自己在二十分鐘後，就會因為吃甜食而得到精神萎靡的反效果。

管理時間已經很難，但有時管理精力更難。除了身體的自然精力節律，我們還得應付情緒的起伏。此外，我們還可能遇到預期之外的壓力源，對我們的精力造成巨大的影響。因此，現在是時候重新掌控我們的精力，想想有哪些工具和技巧可以讓我們在更多時間感受到更多的活力了。擁有滿滿（或至少**滿一點**）的精力可以幫助我們充分利用時間，進而更懂得善用它。

這個章節首先會檢視大格局，看看把目標放在眼前（真的放在眼前）並清楚說出你的成就因子，會如何增加精力充沛的感覺，尤其是當事情很忙又充滿壓力的時候。

我們會看到要如何把困難的事情變得令人享受，又要如何設定最佳速度，以保持精力。

擅長管理精力的人會刻意思考如何最佳化一整天的快樂感，我們也會探討你可以採取什麼儀式和訣竅，把新習慣固定下來，且一整天都能感受到更多感恩、幽默和喜悅。

最後，我們會看看你可以從人生中移除什麼東西，以提升精力和活力。

便利貼如何使你更有韌性

凱特．莫里斯（Kate Morris）的二〇二〇年十分龐大，她不但要在疫情期間管理澳洲最大的線上零售商店之一，還準備讓線上化妝品零售公司 Adore Beauty 在澳洲證券交易所上市。莫里斯憶道：「我記得我看著銀行給我們的行程表，然後對他們說：『這一定弄錯了，因為你要我每天開十二個小時的視訊會議，連續開數個星期。』他們說：『不，這是標準流程。』所以我便知道，這跟時間管理無關，而是跟精力管理有關。」

莫里斯發現，管理精力最好的方法就是回歸自己的目標。她問自己，她究竟想在首次公開募股達成什麼。答案很清楚：她想要成為由女性創立並擔任ＣＥＯ的澳洲公司之中，有史以來最大的首次公開募股公司。莫里斯想要創造歷史。

莫里斯的商業教練鼓勵她明確表達自己的目標，把它放在腦袋最前方。「於是，我在每天都要盯著十二個小時的電腦螢幕最下方貼了一張便條紙，上面寫：『創造歷史。』」

「所有的會議都在每小時的整點展開，我要發表一模一樣的簡報，詢問一模一樣的問題。在會議開始前，我都會看著那張便條紙，這讓每一場簡報感覺變得很新鮮，就像我是第一次說那些話、回答那些問題。」

新墨西哥大學的布魯斯·史密斯（Bruce Smith）曾率領一個不尋常的實驗，證實了專注在自己的目標上具有很強大的力量。[50]他發現，當人們跟自己努力想要達成的目標產生連結時，他們跟沒有跟自己的目標產生連結的人相比，能夠把手放在很冰或很熱的水裡更長的時間。研究人員做出結論，認為做事帶有目標可幫助人們更有效地面對不適，就像莫里斯能夠面對日復一日連開十二個小時的視訊會議所帶來的強烈不適感（這應該比把手放進冰水很長一段時間還要不適許多）。

聽了莫里斯分享她的例子，我很想在自己的人生中試試看。一直驅使著我的動力，是提供人們策略，幫助他們一邊在工作上做出最好的表現，一邊也能樂在其中。畢竟，成人有三分之一的人生是花在工作上，所以你會希望享受工作。因此，我的便利貼上面寫的是：幫助人們一邊在工作上做出最好的表現，一邊樂在其中。

我把這個貼在我每天都會使用的電腦螢幕底部。雖然在大部分的日子，我不需要什麼幫忙就能對自己所做的事感到興奮，但是在我難以專注完成一個任務，或無法聚精會神處理我一直拖延的任務時，這張紙確實是為我帶來動力的提醒。

雖然釐清自己的目標不是什麼新奇的概念，但是我認為這個策略最不一樣的地方是，把一張便條紙貼在電腦上這個簡單的舉動可以每天不斷提醒我，為什麼我要選擇用某種方式花費我的時間。

實際演練

1. 想想每天驅使你工作的主要動機是什麼，這可能跟你正在進行的大型計畫有關，也可能跟你的整體生涯目標有關。
2. 用短短一句話表達這個理由或目標。
3. 把它寫下來，貼在你每天工作都會看得到的地方。
4. 如果你的目標變了，或者你完成了跟目標有關的大型計畫，就寫下更有關聯的新句子。

事情脫序時重回軌道的簡單方式

回想上一次過得真的很糟的某一天。你可能一夜沒睡好，因此醒來之後感覺頭昏腦脹，接著又開了一整天的會；感覺進度不斷落後，沒有準時完成工作，沒時間跟家人吃晚餐。這可能是你一點也沒有成就感的一天。

擅長領導和動機的作家兼顧問傑森・福克斯博士（Jason Fox）非常留意這種缺少成就感的日子。福克斯說：「我知道對我來說，每次為了工作進行跨州或跨國旅行時，我的精神都會越來越耗弱。飛機、時差、跟平常不同的飯店飲食、睡在不一樣的地方等，都是造成這一點的原因。這些會讓我的身體變得越來越差，使我做出不好的決定。」

「我也知道，如果我超過三天沒有完成早上的日記或儀式，那通常是有問題的前兆。此外，如果我超過三天都沒有時間閱讀或滿足我的好奇心，那也是初期的警訊。」

對福克斯而言，這些就是沒有把他所謂的成就因子擺在第一順位的警訊。幾年前，福克斯和他的伴侶坐下來，一起列出了對他們來說構成真正有成就的人生十分重要的五個因子。他們檢視了令人挫敗的事物，然後思索這些事物的相反是什麼。他們也思考了什麼能夠帶給他們喜悅，讓他們感覺流暢順遂。

福克斯舉了一個例子，說他最重視的成就因子是健康。為了把這個抽象概念變得可測量，福克斯設定了一些標記，以追蹤自己是否有把這個成就因子擺在第一位：他一個星期要去健身房三次，每一晚都要睡足七小時。

對福克斯來說，好奇心是另一項成就因子。這個意思是，他每週都要優先排定幾個小時閱讀、學習與反思。

為了將成就因子銘記在心，福克斯和伴侶在自家辦公室的牆壁上貼了日曆，記錄什麼時候要進行成就因子的相關活動。福克斯先前是用電腦追蹤這些活動，但是他發現，這些東西藏在電腦的某個資料夾，很容易就被遺忘。

日曆是一個視覺實體，可以確保福克斯過著符合他成就因子的生活，並讓他一眼就看出情況是否脫序，需要進行調整。用這種方式對自己的時間負責，給自己一個機會，從使我們忙碌的一切事物當中奪回控制權，能讓我們過著更有成就感、善用時間與精力的人生。

實際演練

1. 列出讓你相當挫敗的事物。例如，很晚下班、晚上無法花很多時間陪伴伴侶或孩子，可能是令你經常感到挫敗的源頭。接著，想想這件事為何如此令你挫敗。例如，這可能表示跟家人相處對你來說很重要，因此工作妨礙到這段時間令你十分挫敗。

2. 現在，反過來列出帶給你喜悅、使你精力充沛或令你感覺流暢順遂的事物，這可能包括各種不同的專業和娛樂活動、跟你人生中的不同人有關的互動，當然還有你的身心健康。

3. 尋找這些清單的共同主題。人們經常列出的主題包含健康、家庭、朋友、學習、運動、個人發展、手工藝和書寫。

4. 選出最重要的三到五項主題。

5. 思索跟你的成就因子有關的可測量活動有哪些。例如，假如友情是你的成就因子之一，每星期至少跟一個朋友吃飯或散步就是一個可測量活動的範例。

6. 追蹤自己的活動，每週或每個月關心自己一次，確定有將成就因子擺在人生的第一順位。

把困難的工作變得愉快

工作的世界存在著一種錯誤的二分法，好像需要專注的深度工作就應該很困難，艱苦才能帶來收穫。我們需要感覺自己辛辛苦苦熬過某件事，才會覺得自己獲得有價值的成果。就像寫這本書：我越是跟朋友抱怨寫這本書有多麼驚天動地般地困難和累人，這本書就會寫得越好，對吧？

撰寫了備受讚譽的兩本著作《少，但是更好》（*Essentialism*）和《努力，但不費力》（*Effortless*）的作家葛瑞格・麥基昂（Greg McKeown）認為這是胡說八道。困難的工作其實也能同時令人感覺愉快。

以前，麥基昂真的很討厭為了工作打一堆電話，這是他的工作唯一令他感覺沉悶的面向。於是，他實驗一個他從另一個創業家那裡學到的儀式，要把這件事變有趣。「當我有很多電話要打的時候，我會在浴缸裡泡澡。我都會跟對方說我在哪裡打電話給他們，這沒什麼好隱瞞的。我們會笑一笑，然後把工作完成。但是，這個環境讓人比較愉悅。」

麥基昂認為人生中的任何活動都可以這樣做。「沒有成文規定說，重要的事情一定很難，但是很多人都這麼相信——如果不沉悶，就不是重要的工作。」

他也把這個策略應用在家庭生活上。「我們家一起吃飯時有一些儀式，我們有時候會在開動前彼此敬酒，或者我們會大聲說出發生了什麼好事。但是，吃完飯後，我的孩子就像忍者一樣消失了，而且是靜悄悄地消失。每次我都要像貓抓老鼠那樣企圖把他們拐回廚房幫忙善後，但他們總是有非常好的藉口不做家事。」

麥基昂思索他可以怎麼把家事變得愉快。解決辦法就是迪士尼卡通的音樂。麥基昂的大女兒超愛唱迪士尼的歌，所以為了把感覺很痛苦的工作變得很好玩，麥基昂開始在清理時間播放迪士尼的經典歌曲。現在，他的家人由衷喜歡清理，因為聽音樂和唱歌跳舞成了過程的一部分，使工作變得好玩又活潑。

實際演練

1. 想想你在工作或甚至家庭生活中經常要做的哪一類活動令人感覺沉悶，像是電子郵件、電話、家事或奮力完成你正在進行的大型計畫。
2. 接著，想想你有什麼很喜歡的事情可以搭配這個活動一起做。你可以一邊聽你最喜歡的音樂，一邊回信嗎？你跟麥基昂一樣有浴缸或是景色優美的戶外空間，可以在那裡打電話嗎？
3. 開始固定將困難的工作跟把它變得愉快的事情配在一起，如果經常這麼做，你或許就會開始期待曾經感覺要把你的精力吸光的那個活動。

進行困難工作的最佳步調

葛瑞格・麥基昂在撰寫第二本暢銷書《努力，但不費力》時，思考很多關於書寫這本書的過程。麥基昂告訴我：「我做的某些事把這個計畫變得困難許多，像是一天寫作超過三個小時。」

「如果我嘗試寫作四個小時、六個小時或更久的時間，報酬不但開始遞減，還會變成負的。所謂的報酬遞減，是指你每付出一個單位的努力，得到的報酬就越少，但是報酬轉負的意思則是，你每付出一個單位的努力，得到的結果卻越來越糟。」

麥基昂一天如果寫作超過四個小時，他就會覺得稿件的品質比這天開始之前還糟。他學到，他必須找到對的步調。因此，他實驗另一個策略來撰寫這本書。

「我對自己說：我要每天打開Google文件寫稿，這是我最低限度的標準。我會進入稿件，但是我最多不會工作超過三個小時。」

他對自己每天要完成的工作設定了上下限。他也想過每天完成的字數上下限是多少。

「你要確保自己不會用光每天和每週有辦法恢復的心理精力。你要能夠維持特定步調，把工作完成。這跟時斷時續的做法相反，不是要你衝刺好幾個小時，接著之後什麼也做不了，因為你把自己的大腦燒壞了，無法回到工作上。」

莫拉．史考特教授（Maura Scott）所率領的研究證明了設定上下限的效果。[51]她請一組人設定自己的減重目標，如減重兩公斤。同一時間，另一組受試者則被要求設定一個範圍，如減重一到三公斤。結果，設定範圍、而不是特定數字的人比較有可能減重。史考特認為，這是因為最低限度感覺比較容易達成，因此帶來信心與決心，而最高限度感覺激勵人心且充滿野心，因此帶來希望與樂觀。

在寫這本書的時候，我常常思考這個策略。撰寫第一份草稿時，我希望每天可以寫兩個小節，約一千到一千兩百字。但是，我設定的最低限度是一個小節、最高限度是三個小節。由於我有不斷嘗試打破自己目標的傾向（我一天有辦法寫十個小節嗎？），設定步調讓我能夠在寫作期間維持穩定的速度，永遠不會累壞自己。此外，我也得以提早交出草稿。

實際演練

1. 想想你目前正在進行的大型計畫。

2. 從截止日回推，為每天需要達成多少進度才能準時完成計畫設定上下限。
3. 最好把上下限設定為產出量，而不是工時，因為讓你越來越靠近終極目標的是產出量而不是時數。

如何讓習慣真正固定下來

你或許曾聽說過，養成新習慣需要二十一天。或者，你聽到的數字是六十六天。又或者，你聽說只要兩個星期就夠了。很遺憾，這些都是習慣養成的錯誤迷思。原來，要讓一個習慣真正固定下來，反覆實行不是關鍵。重複雖然跟新習慣的強度有關，卻不是養成新習慣的主因。

B. J. 福格（B.J. Fogg）是一位實驗心理學家，創立並負責指導史丹佛大學的行為設計實驗室，同時著有暢銷書《設計你的小習慣》（*Tiny Habits*）。福格發現，改變行為的關鍵是創造小習慣。他口中的小習慣，指的是每天至少做一次、時間不超過三十秒、不需要付出什麼努力的行為。

他說，要使一個新的行為固定下來，你必須把它拆解得很微小。他在《我是如何工作》節目上向我解釋：「所以，不要做二十下伏地挺身，只做兩下就好；不要用牙線清潔所有牙齒，只清一顆就好；不要閱讀一整章，只讀一句就好。」

下一步是要找出這個新習慣在生活中的什麼時刻進行最自然。例如，假設用牙線潔牙是你想要養成的習慣，你可以在刷完牙後用牙線清潔一顆牙齒；假設你希望每天多閱讀一點，你可以早上邊啜飲咖啡，邊讀一個句子（是的，這感覺可能有點怪）。

讓習慣固定下來的關鍵，是福格所說的「慶祝」，也就是做一件在你的內心引起正面情緒的事情。福格說，正面情緒才能養成新習慣。

「對我來說，雙手握拳然後說一聲『好耶』很有用。做這個動作會告訴大腦你成功了，大腦便會開始養成這個習慣。你等於是在透過慶祝儀式駭入大腦的程式。」

當你透過慶祝新行為或甚至純粹創造正面感受的方式來加速習慣養成，你自然會開始延續這個行為。養成清潔一顆牙齒的習慣之後，你最終會清潔所有的牙齒（你的牙醫會很開心）；做兩下伏地挺身之後，你自然會想要繼續下去，把這個數字變得越來越大。

福格進一步發揮正面情緒對行為改變的影響，以用特定的筆寫字這個簡單的舉動為例。「我眼前有一支筆，是紫色的。我把它拿起來，開始寫字，然後心裡想：『天哪，我的字跡變工整了，筆在紙上寫起來好滑順，使用這支紫色的筆讓我感覺好成功。』」

「猜猜看怎麼著?今天下午我要寫便條紙給我媽媽之類的時候，我的眼前有很多支筆，但是我會拿紫色那支，因為它讓我感覺很成功。如果這種感受夠強烈清楚，我的大腦聯想到這種字跡很棒的感覺，我就不會想去拿那支藍筆、黑筆或紅筆。我每次都是拿紫色的筆。」

福格說這是一種立即習慣。當我們一件事做一次，感覺很好，我們就不會再考慮其他選項，這就是立即習慣。我思索自己的人生，便想到幾個立即習慣的例子。例如，我家有一張椅子已經不知不覺成為我看書的椅子，它遠離任何科技產品，坐起來非常舒服（看起來也很漂亮，因為我放了粉紅色的椅墊），因此我只要坐在這張椅子上，看書就會看得很快。現在，我在家看書只會坐在那裡看，雖然家裡還有好幾張舒服的椅子和沙發。

實際演練

1. 想想你希望養成什麼新習慣，可能跟工作、家庭、健康或其他方面有關。
2. 把新習慣拆解成很小的單位。例如，假設你想固定練習冥想，這個新習慣的小單位（可以在三十秒之內完成的事情）可能就是深呼吸三次。
3. 把新習慣跟你每天會做的事情連結在一起，例如晚上就寢時，對自己說：

「我的頭碰到枕頭後，我要深呼吸三次。」

4. 最後，慶祝這個行為。你可以像福格那樣握拳，或者大喊「我真是養成習慣大王！」，或者做其他讓你感覺很好並創造正面情緒的動作。把新行為跟正面情緒連結起來，這就會開始變成反射。

5. 你也可以留意你的立即習慣，這些幾乎跟你刻意創造的小習慣相反。注意你無意間養成的新行為，思考這些對你是否有利。你或許會發現，這些是因為產生了正向的回饋循環，所以才變成立即習慣。可是，假如這個行為會妨礙生產力，請考慮運用小習慣理論來調整行為，把它變得有生產力且能夠豐富你的人生。

把正經事當成玩笑

民調公司Gallup在二〇一三年問一群十七到二十歲的受試者，他們前一天有沒有常常笑，百分之八十五的人說有。然而，年齡層來到二十多歲，也就是我們大部分人進入職場的年紀時，這個數字降到百分之六十。

我們被教導工作是很嚴肅的，正經事不能跟幽默和輕鬆融為一體。但，研究顯示，把幽默感帶到辦公室會顯著改善工作品質，這可不是在開玩笑。

策略和媒體顧問娜歐蜜．巴多納斯和珍妮佛．艾克教授（Jennifer Aaker）在史丹佛商學研究所教導幽默，並共同撰寫了《認真看待幽默》一書。艾克之前就出過書，而巴多納斯是第一次寫書。艾克事前便警告巴多納斯寫書很困難，兩人剛開始同意合作時，她便告訴這位共同作者：「寫書比妳想像的還難。」（對了，娜歐蜜，我也贊同）。

巴多納斯告訴我：「所以，從一開始我們就設定一些策略，要提醒自己不要把工作或自己看得太認真。」

她們使用的其中一個方法為降低期望，尤其是針對第一份草稿。巴多納斯說，寫一本書的開頭幾個字真的很可怕。「所以，我們沒有開啟新的檔案，打上草稿標題和所有那些正式的格式，而是打開一份Google文件，取名為『頁面上的幾個字』。」「這麼做的目的是要降低標準，就像在說：『我們沒有要寫一整本書，我們只是在一個空白頁上寫下幾個字。我們要做的就只有這樣。』」採取這樣的心態並大大降低期望，使展開寫作過程變得容易許多。

該撰寫書籍提案時，這兩個人又再次運用這個策略。要撰寫書籍提案是一件十分可怕的事，就像撰寫一份冗長詳盡的商業企畫，只是這份企畫是寫一本書。出版社會根據這份文件評估他們是否願意購買和出版你的巨作。

兩人使用相似的策略，不把這份文件稱作「書籍提案」，而是創造另一份Google文件，取名為「非常爛的提案」。

「每次我們打開這份文件，上面都寫這是非常爛的提案。我可能在早上六點的時候傳訊息給珍妮佛，跟她說：『嘿，我現在在爛提案這裡，今天晚點見。』」

這個文件名稱便這樣固定下來，但是兩人後來忘了改名稱，就直接寄給了出版社。出版社非常喜歡（這或許並不叫人意外），因此巴多納斯和艾克最後就用「非常爛的提案」這個名稱推銷給所有的出版社。接下來的發展就如她們所說的，不必再多做說明（確切地說，就是她們的作品成了全國暢銷書）。

實際演練

1. 下次你有一個很大型、很困難的任務要完成時，想想你要如何在過程中融入一些幽默感或輕鬆感，把這件事變得更令人精力充沛。
2. 你可以像巴多納斯和艾克那樣，給這個計畫取一個幽默的名稱。你可以運用視覺上的幽默，在每天花時間製作的報告的第一頁放入一個好笑的梗圖。或者，你可以邀請企畫團隊每次開會時都先播放八十秒的音樂，因為八十秒的音樂能夠把一切變得更美好。

怦然心動資料夾

我在攻讀組織心理學的博士學位時，還同時追逐我的音樂夢（雖然這個夢想帶來的收入非常少）。我跟製作人一起錄了一張十首歌的專輯，然後到處向唱片公司兜售。在一個被拒絕是常態的產業裡追逐夢想很困難，因此我給自己設下目標，不期待會收到任何正面的回應，直到我房間的其中一面牆貼滿拒絕信為止。由於本人實在太有天分（開玩笑的，我顯然是太幸運了），我只收到十幾封拒絕信，就有人要跟我簽約，我房間的那面牆只貼了一小角的拒絕信。

我們全都在職場上被拒絕過。假如你是在創意相關的產業工作，那你可能比大部分人更常被拒絕。但，就算你是在「典型」的辦公室裡工作，被拒絕的頻率仍可能高到令人不舒服。你的加薪要求可能被打回票；你收到不怎麼亮眼的績效評估；你沒有受邀加入一個你真的很想參與的企畫團隊（別擔心，沒有他們你會過得比較好，相信我）。

史考特．索南辛是萊斯大學的管理學教授和暢銷作家，曾跟近藤麻理惠一起合著

《怦然心動的工作整理魔法》（*Joy at Work*）一書。此外，他還選了一個常常需要得到批評的職業。他解釋：「我們交出論文之後，會被人批評和得到回饋。會有匿名的評論者說我們的作品有多差，儘管文章最後還是發表了。我們也會在教學評鑑得到批評。由於不好的資訊比好的資訊更突出、感覺更真實——例如教學評鑑上的唯一一則負面評語——所以你永遠都會記著。」

過度強調負面資訊有一個名稱，叫作負面偏誤。[52]這是指，比起正面的資訊和刺激，我們更容易強調負面的資訊和刺激。人類很容易上處罰的當。索南辛雖然同意批評很重要，可以帶來成長，但是太多批評會讓人受不了。「坦白說，不斷被告知『這件事要做更好、那件事要做更好』會使人在情感上精疲力盡。」

為了克服這個偏誤，他想要找到辦法提醒自己工作帶給他的各種喜悅，特別是當他面臨眾多負面回饋和批評時。於是，他在電腦桌面創造了一個資料夾，稱作「怦然心動」資料夾。

「我會在裡面輪流放一些令我怦然心動的東西，像是家庭合照、最近發表的論文、演講者給予我的讚美或正面的教學評語等。我通常一天會打開這個資料夾至少一次，翻翻裡面的東西，這讓我對自己能做的事情感到開心。」在善用時間這方面，怦然心動資料夾可以讓你在意志消沉時幫助你重回正軌，提醒你自己的長處和更廣大的目標是什麼。

實際演練

1. 想想你的怦然心動資料夾會長什麼樣子；可以像索南辛的一樣是數位的，也可以是實體的，例如在書桌上放一個盒子或實體資料夾。
2. 找出令你怦然心動的物品，可能是照片、電子郵件、你收到的回饋、成就證明（如證書）或其他東西。
3. 把這些東西放進怦然心動資料夾。
4. 每當收到什麼令你開心的東西，就放進怦然心動資料夾。
5. 一邊蒐集越來越多令你怦然心動的東西，同時也要考慮把資料夾的部分內容拿出來收好，讓怦然心動資料夾保持清爽。

讓電腦登入密碼使你更有生產力

數十年的研究都告訴我們，感恩會讓我們心情很好。[53]例如，加州大學戴維斯分校的羅伯特・埃蒙斯（Robert Emmons）就發現，撰寫感恩日記或週記持續十週的人，比撰寫生活中的中性或負面事件的人顯著快樂許多。[54]另一個研究則發現，被要求思索自己有什麼事值得感恩的青少年，生活滿意度比被要求思索討厭或中性事件的青少年顯著較高，效果在實驗結束後可以持續三週。[55]

所以，我們都知道感恩是件好事，感恩日記更是如此。但，你有寫感恩日記嗎？我也沒有。別擔心，就連這方面的權威也是這樣。暢銷作家兼幸福大師葛瑞琴・魯賓發現，寫感恩日記對她沒有用。她不覺得這個練習有幫助，還覺得這很煩人，永遠無法養成習慣。

然而，花了十年以上的生命研究幸福的她，決心要找到別的辦法讓自己保持感恩的心，不把生命中的美好事物視為理所當然。她不強迫自己每天坐下來反思自己感恩什麼，而是思考要怎麼把感恩跟日常行為結合起來。

魯賓住在紐約市的一棟公寓，要進出公寓，她得走過兩扇門，因此這兩扇門她每天都會走。「我總是把這兩扇門當成一個轉折點。走出去的時候，我會想想我有多麼開心可以走進我最喜歡的城市紐約；一天結束後，回家走進那兩扇門，我又會想想我有多麼開心可以回到舒適的公寓。」

「走過那兩扇門會讓我被迫暫停，提醒自己要感恩。」

她曾聽說別人如何運用其他日常活動來練習感恩。例如，她有一些讀者會把自己感恩的事物設成電腦的密碼，也有人把感恩的照片設成螢幕保護程式或手機的螢幕鎖定畫面。

把感恩提醒融入每天不假思索就會做的事情，如輸入密碼或解鎖手機，可以讓人毫不費力地養成練習感恩的習慣。由於感恩會帶來幸福感，而幸福的人可以成就更多，因此電腦的登入密碼其實也有辦法提高生產力。

實際演練

1. 想一件你每天都會做的事，如上面提到的輸入電腦密碼或走出大門等行為，或是走進車裡或刷牙。
2. 從小地方開始做起，找一件生活中你希望能夠更心懷感恩的事物。
3. 想想你能怎麼把要感恩的事物和你選擇的行為連結在一起。這可以很簡單，像是每次做這個行為就想想你所感恩的事物，或者你也可以把它變成文字，例如寫下表達感恩的字條，然後把字條的照片存成手機的鎖定畫面。
4. 開始把其他你所感恩的事物跟其他日常行為連結在一起，直到這些也融入了你的日常生活。

5. 如果你想擴大你在生活中感恩的東西，你可以隨時用這種方式增減你所感念的事物。

別再趕了

有時候，我感覺我的預設狀態就是「趕」。我趕著完成任務、趕著準時開會、趕著吞下午餐。感覺自己很趕，是一種很不舒服的感受，就像有一團憤怒的壓力雲整天跟著你。然而，當我停下來思索究竟是什麼讓我感覺這麼趕，才發現原來是我自己設定了不切實際的期許。

我常常在期限很早之前就把事情完成，但是當我在內心為自己設下期限時，我卻感覺很趕，就像是自己給自己找壓力。我超討厭開會遲到，就算只是遲到個幾分鐘，我都會讓自己備感壓力——絕不能讓跟我開會的人空等六十秒！此外，由於我很講求效率，我常常會用我想完成的任務和參加的會議，把自己的一天塞得滿滿的，沒有任何緩衝空間。

趕來趕去真的很累人，光是寫這段話就讓我打哈欠。但，當我訪問喜劇演員梅謝爾・羅利（Meshel Laurie）時，她卻替我提供了解方。

羅利在十幾年前認識了佛教，她所遵循的其中一個教誨是，永遠禮讓別人。羅利解釋：「在車陣中、要走過一扇門的時候、要搭手扶梯的時候、要搭電梯的時候，只要往後退，示意讓別人先走，就是很棒的謙卑練習。」

養成永遠禮讓他人的這個習慣之後，羅利注意到這是讓別人開心的好方式。她承認，要維持這個習慣不容易，但這是進行一天活動很棒的原則。

羅利認為，在繁忙的馬路上開車是練習禮讓他人非常棒的機會。「我們一天到晚都身處在車陣之中，然後你會開始想：『我在車流中為什麼這麼吝嗇？我為什麼假裝沒看見想插進來的那輛車？我為什麼不讓他插進來就好？』對我來說，那只會多浪費五分鐘而已。所以，我會禮讓，這對他們來說非常重要。」

羅利最近在她的播客節目《冷靜點》（*Calm Ya Farm*）訪問了一位腦科醫生。她常常告訴別人：「誰在乎你遲到？又沒有人會死。」「不過，要是這位腦科醫生遲到了，確實有可能有人會死。但對我們其他人而言，上班遲到沒有人會死。」

下次我又因為開會即將遲到一分鐘而備感壓力時，必須提醒自己這點，因為如果我們可以有更健康的時間觀念，不把寶貴的精力浪費在遲到幾分鐘這件事，我們就能省下精力去做更重要的事情和活動。

實際演練

1. 早上把禮讓他人設為一整天的原則。
2. 你可以慢慢來，先從在車陣中禮讓他人這個簡單的練習做起。熟練之後，在排隊或進門時也禮讓他人。接著，把這個原則帶到你跟其他人的互動中，像是開會時讓別人先發言。

買下更多時間

我很愛吃蔬菜，我女兒也是。我們兩個一天可以輕輕鬆鬆吃十份蔬菜以上。我們以前每個星期六都會固定到墨爾本市區的超市，採買一整個星期的食物。接著，我會在星期六下午花好幾個小時準備食材，包括清洗、切菜，還有在十五個左右的保鮮盒裡面裝滿蔬菜。雖然我很喜歡冰箱裝滿處理好的健康食物的感覺，但是我超討厭每個星期都要花好幾個小時做這件令人厭惡的事情，而且我還很不擅長（我的刀工有很大的進步空間）。

我的（現在已成前任的）丈夫某個週末提出一個建議：我何不到社區媒合平台

Airtasker刊登廣告，看看能不能找人幫我切菜？那真是令我頓悟。我能不能花錢讓這討人厭的每週任務永遠離開我的人生？當然可以。

我找到一個在咖啡廳打工、負責處理食材的大學生，她每個星期會來我家兩個小時，處理一週的蔬菜量，然後我會付她五十澳幣。這絕對是我一個星期花得最值得的五十澳幣。這五十澳幣為我帶來許多喜悅，因為我每個週末都能拿回好幾個小時的時間，可以不用待在廚房，而是跟家人一起同樂（我也必須承認自己非常幸運，能有五十澳幣的餘裕可以請人幫我切小黃瓜和紅蘿蔔，因為不是每個人都做得到）。

我跟心理學教授伊莉莎白．鄧恩分享這件事時，她並不訝異。「我們在一個頂尖的科學期刊發表了一系列共八篇的研究，證實用錢買時間的人比較快樂。」[56]

她告訴我：「這個我認為許多人現在都會面臨的根本難題，也讓我很掙扎過──我們要做的事情太多了，沒有時間可以做。」

在她家，打掃是意見不合的來源。鄧恩很幸運嫁給一個很會打掃的老公，跟她不同。「我老公很驚訝我打掃我們小到不行的廚房要花這麼久的時間，所以我一直想要花錢請人每週來幫忙打掃，但他總是不同意。」她笑著說。

鄧恩最後贏了，現在他們每週都有請一位朋友來打掃幾個小時。這對她的婚姻和鄧恩自己都有益處。「我再也不用花一整個星期六下午試著讓我們的家不那麼髒亂。」

實際演練

1. 列出使你損耗許多精力或時間（最好兩者都是）的事項。這些可能是在工作或家中必須做的事情，像是反覆性的行政作業、家事或你不太擅長的東西，例如鄧恩不擅長打掃。
2. 選一個每週花你最多時間的事項，了解請人完成這件事會花多少錢。例如，行政作業可以外包給虛擬助理，一個小時通常會花五到十澳幣。外包家事則通常一個小時會花二十到四十澳幣。
3. 實驗四個星期請人完成這件事。實驗結束後，思索你的人生少了這個任務讓你感覺如何、這讓你多了多少時間、這是不是一個好的金錢投資。如果是的話，就繼續投資！如果不是，就從清單挑另一件事實驗，讓你的人生獲得更多時間。

移除人生中反覆出現的惱人因子

暢銷作家丹．希思告訴我，他常常醒來後覺得惱怒。讓情況更糟的是，當時他有一個真人鬧鐘——十六個月大的女兒。每次輪到希思要跟女兒一起醒來時，他都會摸黑換衣服，以免吵到太太。如果你曾經摸黑換衣服，你就會知道這並不容易。

穿衣服變成一個反覆出現的挑戰。他說：「我有穿反嗎？這一面是對的嗎？我在黑暗中看不見標籤，我在黑暗中看不見衣服正面的字母。於是，我只好碰碰運氣，但是不知為何，我十次有九次是猜錯的，這令我很不爽。」

希思描述的情況就是典型的反覆惱人因子，即生活中定期發生的惱人事情。

在他的暢銷書《上游思維》（*Upstream*）裡，希思寫到另一個我感同身受的反覆惱人因子。他說，他在咖啡廳寫作寫得最好。他會坐在同一張桌子，戴上耳機，馬上就能開始工作。但是，這讓他必須帶著筆電走來走去，每次去咖啡廳，他都得從袋子找出充電線，插在牆上，然後回到辦公室後，他又得再從袋子找出充電線，插在牆上。

希思解釋：「我的書桌附近有上百條線，所以這有點煩，但是似乎就只能這樣。」

在撰寫《上游思維》的過程中，希思必須思考解決問題時如何治本。他突然想到，他其實可以擁有兩條充電線。於是，他買了一條新的放在筆電包。真是天才（他也開始在前一晚把衣服準備好）。

那麼，為什麼希思一直要到撰寫跟解決問題有關的書，才為自己的人生想出這個簡單的辦法？

這稱作隧道效應。[57]隧道效應是普林斯頓大學的心理學教授埃爾達・沙菲爾（Eldar Shafir）和芝加哥大學布斯商學院的經濟學家森德希爾・穆拉伊特丹（Sendhil Mullainathan）發明的詞彙。當我們因為生活壓力使認知資源（即腦力）變得有限時，我們的大腦就會採取隧道視野，看不見辨識與解決問題的機會。而當我們在應付人生中的一兩個大問題時，我們的腦力會更加減弱，使我們沒有心智能力可以處理其他需求。

在解決問題的脈絡中，如果我們有幾個很大的問題要解決，那麼我們就沒有資源或能力解決每一個難題（特別是小問題）。我們會採取隧道視野，然後進行短時間、非主動積極的思考。這就是為什麼希思沒有停下來，想想如何解決充電線和穿衣服的問題，而是選擇忍受。研究顯示，當有一個大問題蓋過我們的思考能力時，我們的智商會比沒有大問題存在時少十分（想想疫情對我們的大腦造成什麼樣的影響——這可能讓我們每個人都變得更笨一點）。

該如何避免隧道效應？你必須讓自己寬鬆一點，無論是在時間或資源方面。找出並移除反覆出現的惱人因子，可以幫助你得到更多時間和精力。

實際演練

1. 列出人生中反覆出現的惱人因子，包括你經常要做，但是令你挫敗、惱怒或感到無聊的任務。最好挑選你定期——每週或甚至每天——會做的事情。
2. 若要找出更多反覆惱人因子，可以問同事或家人他們觀察到你做了什麼你不應該做的事、什麼讓你沒有善用時間、什麼使你感到挫敗。
3. 從這以下四個方法尋找解決之道：

- 指派他人：考慮把反覆出現的惱人因子分派給其他團隊成員，或透過Upwork.com或Airtasker.com等網站雇用幫手。
- 別再做了：你的反覆惱人因子可能是沒有人會讀的報告或你沒辦法帶來價值的會議。你可以不要再做這件事，看看會不會發生什麼不好的事。你或許會很訝異根本沒人注意到。
- 花錢買解決辦法：這可以很簡單，像是多買一條筆電的充電線。假如惱人因子大於成本，就花錢買解決辦法。
- 把這件事變得不惱人，像是將這個任務跟你喜歡的活動搭配在一起。

> 4.下載練習單，協助辨識及移除反覆出現的惱人因子：amantha.com/timewise

如何拒絕他人而不感到愧疚

我曾經在某個地方讀到，最有成效的生產力訣竅就是學會拒絕他人。拒絕他人，我們就不會把自己拉扯得太緊繃，可以專注在最重要的事情上。

可惜，拒絕他人說起來簡單、做起來難。如果你喜歡取悅別人（跟我一樣），或者你真的很想盡量幫助人（還是我），拒絕對方真的很難，感覺也很糟。

但問題是，你越忙碌、事業越成功，就有越多人想佔用你的時間。因此，學會拒絕就變得越重要。

米亞・弗里德曼（Mia Freedman）常收到各種請求。身為澳洲女性媒體公司Mamamia的共同創始人和創意總監以及兩個播客節目（其中一個每日更新）的主持人，她是一個超級忙碌的人。

弗里德曼以前很不會拒絕他人。「跟大部分女性一樣，我希望別人喜歡我，我不想讓任何人失望。所以，由於我不想要任何人在閱讀我拒絕他們希望我做的事情的那十秒鐘感到不開心，我會為了拖延這件事而說『好』。可是，我這麼做為未來的自己帶來了很大的問題，因為我已經答應要去布里斯本或發表某某演說或在下班後去某某地方。結果，時間到了，我會真的很不想做這件事。那對我和我的家人造成很大的困擾。」

因此，弗里德曼想出一個把拒絕他人變得很容易的策略。她開始為自己設定規則，改變回應別人的請求時所使用的語言。

「我不說『我沒辦法』，而是說『我不』。這聽起來沒有什麼差別，但是卻很重要。我會設定類似這樣的規則：我不參加需穿著半正式禮服的宴會；我不在週間跟別人吃午餐；我不參加首映會；我不在週末演講或參加慈善活動。」

設定嚴格清楚的規則，並使用「我不」的語言，就不會有「我應該或不應該做某件事？」的問題。對弗里德曼來說，設定清楚具體的規則在生活的各個層面都對她有幫助。

「我每天都會運動，因為這比一個星期運動兩三次容易。這對我的心理造成的壓力比較小，因為這變成不可妥協的事，就像刷牙一樣。想像一下，假設一個星期你只有兩三天需要刷牙，這樣你每天晚上就會想：『我今天要刷嗎？不知道耶。可是，明天晚上我一定會很累，因為有那件事。不知道耶。』你的大腦不用思考『今天晚上我該不該刷牙』，因為你每天都會刷牙。」

「我屬於需要嚴厲快速規則的那種人。如果不這樣做，我會一直跟自己討價還價，那很累人。」

她也發現，當她開始使用「我不」的語言回覆別人佔用她時間的請求，對方就不會想再爭論或說服她做他們想要她做的事。

「當你說：『我不跟別人吃午餐。』這句話非常明白。但是如果你說：『我星期二沒辦法吃午餐。』對方可能會說：『那星期三呢？』你可能會想：『那永遠都沒辦法可不可以？永遠都沒辦法你覺得如何？』」她開玩笑地說。「這是非常清楚的界線。」

弗里德曼拒絕他人時還會做兩件事。

「我很誠實。我會說：『非常感謝你的邀請，但是經營一家公司和養育年幼的孩子讓我除了這兩件事之外，沒辦法做別的事。』把工作和家庭搬出來，不會有人爭論。不會有人說：『噢，拜託嘛？』」

此外，她也回覆得很快。

「快速回覆對方，他們會很感激。大部分的人會想：『噢，我不想要讓他們失望，所以我就無視這件事。』但是，人們其實不介意被拒絕。他們雖然想要你說好，但是他們也能接受自己被拒絕。」利用這個策略讓自己不必再擔心會不會令他人失望，你就可以繼續當你的時間與精力的老闆。

實際演練

1. 針對你不想要做的事，想想你有什麼規則。寫下來，用「我不」開頭。例如，我每天都收到好幾封想成為《我是如何工作》的來賓的信件。為了更快做出決定，我設定了一些規則，以做出快速直接的決定。
2. 如果有人請你做一件事，會打破你的規則，就使用「我不如何如何」這句話來拒絕他。
3. 不要太慢拒絕別人。這一開始可能令你不太舒服，但是你很快就會發現對方很感激你這麼做。我自己會試著在二十四小時內拒絕別人的請求。我已經這麼做好幾百次了，通常被我拒絕的人都會給我感激的回覆。
4. 誠實就對了，人們很難爭論實話。

「好的，可是」的力量

生產力大師很愛提到拒絕別人的力量。可是，如果你跟許多成功的領導者一樣，擁有慷慨大方的心理，老是拒絕別人可能讓你感到有點糟，更別說這跟你的價值觀不符。

妮琪．斯帕爾肖特（Nicky Sparshott）同時擔任兩間公司的CEO。她是奢侈茶飲品牌T2的全球CEO，也是聯合利華紐澳分公司的CEO。或許不叫人意外的是，她滿常拒絕別人的。她喜歡盡快拒絕他人，讓對方可以另外安排。不過，她也會注意把說「不」的次數降到最低。

斯帕爾肖特解釋：「『不』是很重要的字，但是有時候，這會在對話還沒展開之前就將對話中斷。說『好』可以帶來可能和選擇。我常常在團體中碰到愛唱反調的人，老是說：『不行，這做不到。不行，這我們之前做過了。不行，這絕對不會成功。』」雖然她承認有人扮黑臉很好，但是你永遠需要幾個會問問可能性有哪些的人。

斯帕爾肖特的祕訣就在於如何說「好」，但又不會投入過多心力。因此，她現在都回答「好的，可是」。

「『好的，可是我要六個月後才能做這件事』；『好的，可是我目前只能借你二十分鐘』；『好的，我很樂意參與，可是我沒辦法親自到場，能否寄一封電子郵件告訴你我的想法？』重點是找到方式讓你能貢獻一點點，但又考量到你所擁有的時間。我都是盡量這麼做。」

有趣的是，研究證實人們比預期還要重視和感激小小的善意之舉。[58]在《性格與社會心理學期刊》所刊登的一項研究中，受試者必須回想過去曾有人對他們好的時候，思索自己有多麼感恩。研究人員發現，他們的感恩程度跟對方花費多少金錢或時間沒有強烈的關聯。反之，他們的感恩程度跟對方做的事有沒有用比較有關係。

斯帕爾肖特說：「在某些情況下，我知道我不見得能帶來價值，那對我來說也不是很好的時間利用，但是我通常會試著用有意義的方式貢獻一點點的時間。我會確保人們請求我的協助時，我有一點時間可以貢獻，主要是因為我在職涯中很幸運有一些人為了我這麼做。」因此，你不必犧牲大量的時間，也能做出寶貴的貢獻（儘管貢獻得少），把善心繼續傳下去。

實際演練

1. 下次有人要求借用你的時間，在直接說好或不好之前先暫停一下。
2. 試著尋找折衷方案。你有沒有辦法幫一點點忙，但又不會投入過多心力？
3. 把回覆寫成「好的，可是……」，為自己的「好」設下限制。這樣一來，你既能夠慷慨給予，又能堅守你對自己時間的界線。

創造一份不待辦清單

在生產力的圈子裡，待辦清單是一個非常性感的東西（我個人覺得待辦清單超級迷人）。本書已經介紹幾種不同的方法，讓待辦清單更認真地替你賣命。但是，你有沒有想過列出你**不**想做的事情？

瑞秋．波茲蔓是世界知名的信任與科技專家，也是牛津大學的信任研究員。在疫情之前，波茲蔓每年都會列出「不待辦清單」，已經持續好幾年。這份清單的目的是要反思她想戒除的習慣或她想用不同的方式去做的事情。但，在她第一次的COVID居家隔離期間，她把這改成每個月進行一次的活動。

波茲蔓解釋：「我想，觸發點是不能出門這件事，它讓我明白我有多不想要回到那個狀態。我們的人生很多時候都是在『增加』事情和責任，沒有人教我們減法。」

她感覺，自己的工作好像一直在增加事情和責任。為了不再出現事情永遠做不完的這種感受，她在每個月的最後一個星期五跟自己排定開會時間，挪出時間思考她在工作上想停止做哪些事。

「我給自己整整一個小時的時間思索這件事，回顧上個月的清單。我保留了什麼？有哪些事很難？為什麼？我有什麼無法打破的模式？」

雖然她沒有針對自己不想做什麼事訂出某些類別，但她會考量自己的精力。跟自己開會時，她會思索自己如何運用時間、花時間跟誰在一起以及她想專注在什麼事情——還有更重要的，不想專注在什麼事情。

波茲蔓的不待辦清單包括以下這些例子：

- 不要跟意圖或動機跟你不相符的客戶共事。
- 不要低估你覺得超簡單的事情的價值。
- 早上八點到十一點之間不要安排會議。
- 晚上七點之後不要瀏覽社群網站。
- 不要屈就於他人的行程表。
- 不要見某某人，完畢（！）。
- 不要因為不好意思就幫別人忙。

對波茲蔓來說，這個過程對她非常有益，可以幫助她更留意自己把精力投注在哪裡，同時幫助她用新的方式思考既有的事物。她避開不斷給自己增加事情的誘惑，因此成功專注在對她而言最重要的工作上。

實際演練

1. 一個月跟自己開一次會，在行事曆上標註為「不待辦」會議。
2. 反思過去一個月在你的私人和工作生活中，有什麼事讓你最沒有活力，可能包括日常習慣（如瀏覽社群網站）、你見的人（如感覺就像催狂魔，會把你的精力吸走的人）或你答應要做但後來後悔的事。
3. 列出你下一個月不要做的事，把這份清單放在你在書桌看得到的位置，以便持續提醒自己。
4. 在接下來的幾個月，檢視不待辦清單遵守的情形，什麼對你有益、什麼對你有害。在清單上增減吸走你精力的人事物，在下一個月執行。

精力
複習

□便利貼上的目標

想想每天驅使你工作的主要動機是什麼，用短短一句話表達這個理由或目標。把它寫下來，貼在你每天工作都會看得到的地方。

□追蹤成就因子

列出讓你相當挫敗的事物，想想這件事為何如此令你挫敗。現在，反過來列出帶給你喜悅、使你精力充沛或令你感覺流暢順遂的事物。

尋找這些清單的共同主題。用這些主題找出你的成就因子，排定優先順序。思索跟你的成就因子有關的可測量活動有哪些。追蹤自己的活動，每週或每個月關心自己一次，確定有將成就因子擺在人生的第一順位。

□把困難的工作變得令人享受

想想你經常要做的哪一類活動感覺令人沉悶。接著，想想你有什麼很喜歡的事情可以搭配這個活動一起做。你可以一邊聽你最喜歡的音樂，一邊回信嗎？開始固定將困難的工作跟把它變得愉快、使你精力充沛的事情搭配在一起，如果經常這麼做，你就會開始期待曾經感覺要把你的精力吸光的那個活動。

□設定上下限

想想你目前正在進行的大型計畫。從截止日回推，為每天需要達成多少進度才能準時完成計畫設定上下限。最好把上下限設定為產出量，而不是工時。

□運用正面情緒養成固定習慣

想想你希望養成什麼新習慣。把新習慣拆解成很小的單位，最好是可以在三十秒之內完成的事情。把新習慣跟你每天會做的事情連結在一起，例如晚上就寢時。最後，慶祝這個行為。把新行為跟正面情緒連結起來，這就會開始變成反射。

□將輕鬆感帶入困難的工作

下次你有一個很大型、很困難的任務要完成時，想想你要如何在過程中融入一些幽默感或輕鬆感。你可以運用視覺上的幽默，在你正在準備的報告的第一頁放入一個好笑的梗圖。或者，你可以邀請企畫團隊每次開會時，指定一個人分享好笑的故事或笑話。

□怦然心動資料夾

下次感覺有點沮喪或洩氣時，找出令你怦然心動的物品，可能是照片、電子郵件、你收到的回饋或成就證明（如證書）。把這些東西放進數位或實體的怦然心動資料夾。

每當收到什麼令你開心的東西，就放進怦然心動資料夾。

□打造感恩觸發物

選一個日常行為和一件你希望能夠更心懷感恩的事物。把要感恩的事物和你選擇的行為連結在一起。這可以很簡單，像是每次做這個行為就想想你所感恩的事物，或者你也可以把它變成文字，例如寫下表達感恩的字條，然後把字條的照片存成手機的鎖定畫面。

□禮讓他人

早上把禮讓他人設為一整天的原則。你可以慢慢來，先從在車陣中禮讓他人這個簡單的練習做起。熟練之後，在排隊或進門時也禮讓他人。接著，把這個原則帶到你跟其他人的互動中，像是開會時讓別人先發言。

□花錢買時間

列出使你損耗許多精力或時間（或兩者皆是）的事項。選一個每週花你最多時間的事項，了解請人完成這件事會花多少錢。付錢請人做這件事四個星期。實驗結束後，思索你的人生少了這個任務讓你感覺如何、這讓你多了多少時間、這是不是一個好的金錢投資。

□移除反覆惱人因子

列出人生中反覆出現的惱人因子，包括你經常（每天或每週）要做，但是令你挫敗、惱怒或感到無聊的任務。透過以下方式移除反覆惱人因子：指派他人；

別再做了；花錢買解決辦法；把這件事變得不惱人。

❑「我不」規則

針對你不想要做或耗損你精力的事創造規則。寫下來，用「我不」開頭。如果有人請你做一件事，會打破你的規則，就使用「我不如何如何」這句話來拒絕他。

❑好的，可是

下次有人要求借用你的時間，在直接說好或不好之前先暫停一下。試著尋找折衷方案。你有沒有辦法幫一點點忙，但又不會投入過多心力？把回覆寫成「好的，可是……」，為自己的「好」設下限制。這樣一來，你既能夠慷慨給予，又能堅守你對自己時間的界線。

❑不待辦清單

一個月跟自己開一次會，在行事曆上標註為「不待辦」會議。反思過去一個月，問自己有什麼事讓你最沒有活力。列出你下一個月不要做的事，把這份清單放在你在書桌看得到的位置，以便持續提醒自己。

成功善用時間

「沒有任何事情會浪費時間，只要你善用那個經驗。」

——奧古斯特・羅丹（Auguste Rodin）

讓我告訴你一個祕密：我有時候不會看一本書的結語。結語理論上不會包含什麼新資訊，所以我覺得不用讀。

這本書的結語沒有打破慣例，所以我也不打算告訴你什麼新資訊。不過，我確實想在最後寫一些睿智的話（好吧，不要過度推銷，說「寫一些話」就好），讓你帶著一大堆策略進入這個世界，確保你投資時間閱讀這本書不是一種浪費。

首先，你現在可能十分興奮或難以消化。如果你十分興奮（我假定是因為有很多策略你已經迫不及待嘗試），那很棒！去試試！但是，如果你覺得難以消化（「好多策略！該從哪裡開始!?」），挑一個就好，即使不是你最喜歡的也沒關係。挑一個引起你共鳴、可以解決你正在遭遇的問題的策略，然後認真實驗一個星期。如果有幫助，就繼續實行；如果沒幫助，就挑另一個。

某個很聰明的人曾經說，小小的轉變最後會累積成巨大的成果。我實驗了這本書的每一個策略後，就是這種感覺。

我經常在結束一天的工作時使用海明威把戲，隔天早上便能近乎輕而易舉地進入狀態；金恩的奇數團體訣竅讓人脈活動變得沒那麼可怕；在寫這本書時，我運用了麥基昂的上下限策略，使我在擁有全職工作的同時，能在五個月內寫完七萬字（且不因此發瘋）。

當然，還有另一個選項，就是什麼也不做。很多人在讀完跟工作和個人發展有關的書之後，都做了這個選擇（或許不是故意的）。但，你讀了一本要你善用時間的書，這樣做可是犯了菜鳥才會犯的錯誤。你剛花了人生的好幾個小時閱讀這本書，所以請確保我們一起相處的時間能帶來改變。

人生不必混亂或「瘋狂忙碌」。你不必被行事曆和收件匣控制。你的手機不該統治你的人生。

別忘了，你每天擁有的時數跟碧昂絲一樣多，現在你知道如何更加善用它。

延伸資源

我在二〇二一年的年底完成這本書，之後持續在《我是如何工作》訪問許多很厲害的來賓，但是他們談到的其他無數策略無法寫進這本書。因此，如果渴望得到更多洞見和專業知識，可以到任何播客平台搜尋《我是如何工作》。

想要獲取這本書提到的一些技巧的工具和範本，請到amantha.com/timewise免費下載。

謝辭

正是某次到普拉蘭的咖啡廳Babble喝咖啡時，這本書初次在我的腦海中獲得生命。我那時候已經構思這個計畫幾個月，有人介紹CMC人才管理（CMC Talent Management）的凱絲．貝克（Cathy Baker，我現在的經紀人）給我認識。她問我有沒有想要寫一本書，我說有。

所以，首先我要感謝凱絲，謝謝妳那麼棒又那麼支持我，對我的信任也毫不動搖。我覺得自己很幸運有妳這位共犯（我說的當然是合法活動的共犯）。

凱絲後來把這本書的構想推銷給企鵝藍燈書屋（Penguin Random House）的伊莎貝爾．葉慈（Isabelle Yates）。伊茲（Izzy），妳是一個女孩夢寐以求的熱忱擁護者。我完全無法想像每天有多少人向妳推銷各種點子，但我竟然如此幸運，能夠讓妳相信我想做的事。我都跟朋友說妳是我的「出書船長」，所以伊茲船長，謝謝妳如此熱忱地帶領我的書穿越企鵝藍燈書屋的世界，來到這位讀者的手中。謝謝妳提供遠見、想法和回饋，妳是讓《成功人士的用時智慧》變得更有影響力的重要人物。

企鵝藍燈書屋的克里夫・赫巴德（Clive Hebard），謝謝你把這本書的編輯過程變得如此令人享受（雖然這是有可能完全相反的）。克里夫，謝謝你如此專注在草稿每一頁的小細節，不但為我的書做了數也數不清的改進，還在整個過程中注入幽默（誰能想到修改文法時也能開懷大笑？）。

企鵝藍燈書屋行銷和公關團隊成員的布雷登・博德（Braden Bird）和潔瑪・費雷拉－羅威（Jemma Ferreira-Rowe），謝謝你們協助宣傳《成功人士的用時智慧》，在宣傳過程中想出這麼多有創意的點子。

沒有過去三年以來我非常榮幸能在《我是如何工作》訪問到的那些令人充滿啟發的人士，這本書絕不可能存在。你們每個人都把工作變得一點也不像工作。我要特別感謝其中三位英雄／來賓——亞當・格蘭特、傑克・納普和尼爾・艾歐，因為他們付出了特別多的時間與支持。

自從我在二〇一八年七月開始錄製《我是如何工作》之後，我的爸爸馬丁便替每一集製作混音，在短短數週的時間內從退休的工程師和電腦程式設計師，學會如何成為音訊工程師（更別說超懂應該使用哪些最棒的器材）。謝謝你花了數百個小時（還是現在已經是數千個小時？）把我和來賓的音質變得這麼清楚好聽，也謝謝你為每一集注入的愛與細心。能跟你共事完成這個父女計畫真的很開心。

在二〇二一年，我將家族以外的成員納入《我是如何工作》的製作團隊。凱莉．李奧爾丹，我以前就是妳的粉絲，現在很幸運可以跟妳和Deadset Studios的團隊共事超過一年。每一個播客節目都需要一位凱莉，妳把我變成更好的訪談者，大大提升了《我是如何工作》。我要謝謝珍娜．柯達（Jenna Koda）每個星期為這個節目做了無數個小時的研究，也要謝謝連恩．李奧爾丹（Liam Riordan）專業的剪輯和協助，使每一集節目變得俐落許多。

要在擁有全職工作的情況下（雖然Inventium是實施週休三日制），五個月內寫完一本書，沒有超強的團隊支持是不可能做到的。謝謝妳，蜜雪兒．勒．波伊德溫（Mish Le Poidevin），妳是我所能夢想得到最棒的CEO，謝謝妳在過去三年（尤其是在過去十八個月的瘋狂時期）如此優秀地帶領Inventium團隊。謝謝夏洛特．拉許（Charlotte Rush）、柔伊．艾特肯（Zoe Aitken）、尼克．強斯頓（Nick Johnston）、喬芝亞．路提克（Georgia Luttick）、嘉比．韋伯（Gabby Webb）、凱茲．漢斯塔克（Kez Hanstock）、莎夏．達西（Sasha D'Arcy）、伊芙莉娜．貝瑞尼（Evelina Bereni）與漢娜．歐康納（Hannah O'Connor），你們是我所能想像最棒的團隊。跟你們所有人共事讓每一個工作天都有值得思索的新點子、改進我思維的回饋、互相鼓舞的啦啦隊和很多很多的笑聲。

我還要謝謝我的媽媽，她也是一個作家和心理學家，啟發我成為了她所說的「心靈偵探」，並在過去三十年來無數次修改我的作品（包括把這本書的第一份草稿變得更好），使我成為更棒的作家。更重要的，謝謝妳成為我的支柱，給我我永遠知道會在那裡等著我的無條件的愛。

身為獨生女，我總是說我的朋友是我選擇的家人。多年來，我確實也做了很多很好的選擇。因此，我要特別謝謝莫妮可（Monique）、楚蒂（Trudi）、賽門．姆洛基（Simon Mrocki）、賽門．摩斯（Simon Moss）、史蒂夫（Steph）、塔許（Tash）、莎拉（Sarah）、席恩（Sean）、傑斯（Jase）、米亞（Mia）以及安卓（Andrew），你們為我的人生帶來許多歡笑、智慧和美好的陪伴，特別是在我寫這本書經歷了墨爾本封城和其他挑戰的時候。

我要把這本書獻給我的女兒法蘭琪（她對這個決定感到十分興奮）。雖然她大概不會讀這本書（雖然我很想把這當作她的睡前故事），我還是想感謝她因為對這個世界充滿好奇心而每天啟發我。

參考資料

緒言　你有多會善用時間？

1. Frank Pega, Bálint, Náfrádi, Natalie C. Momena, Yuka Ujita, Kai N. Streichera, Annette M. Prüss-Üstün et al, 'Global, regional, and national burdens of ischemic heart disease and stroke attributable to exposure to long working hours for 194 countries, 2000–2016: A systematic analysis from the WHO/ILO Joint Estimates of the Work-related Burden of Disease and Injury', Environment International, Vol. 154, Sept 2021, accessed Jan 2022 at https://www.sciencedirect.com/science/article/pii/S0160412021002208
2. Rob Maurer, 'Remote Employees Are Working Longer Than Before', Society for Human Resource Management, 16 Dec 2020, accessed Jan 2022 at https://www.shrm.org/hr-today/news/hr-news/pages/remote-employees-are-working-longer-than-before.aspx
3. 'People are working longer hours during the pandemic', The Economist, 24 Nov 2020, accessed Jan 2022 at https://www.economist.com/graphic-detail/2020/11/24/people-are-working-longer-hours-during-the-pandemic
4. 'The next great disruption is hybrid working – are we ready?', microsoft.com, 22 March 2022, accessed Jan 2021 at https://www.microsoft.com/en-us/worklab/work-trend-index/hybrid-work

第一章　優先順序：決定什麼才是最重要的

設定目標出了問題，我來告訴你該如何修正

5. L. Legault & M. Inzlicht, 'Self-determination, self-regulation, and the brain: Autonomy improves performance by enhancing neuroaffective responsiveness to self-regulation failure', *Journal of Personality and Social Psychology*, 105(1), 2012, pp 123–38, accessed Dec 2021 at https://psycnet.apa.org/record/2012-29188-001

6 Gary P. Latham & Travor C. Brown, 'The Effect of Learning vs. Outcome Goals on Self-Efficacy, Satisfaction and Performance in an MBA Program', *Applied Psychology: An International Review*, 55(4), Oct 2006, pp 606–23, accessed Dec 2021 at https://psycnet.apa.org/record/2006-20408-006

決策過程大多數人漏掉的重要步驟

7. B. Schwartz, A. Ward, J. Monterosso, S. Lyubomirsky, K. White & D.R. Lehman, 'Maximizing versus satisficing: Happiness is a matter of choice,' *Journal of Personality and Social Psychology*, 83(5), 2002, pp 1178–97, accessed Dec 2021 at https://psycnet.apa.org/record/2002-18731-012

問對問題讓你做出更好的決定

8. Sally Kane, 'The 10 Challengers About a Career As a Lawyer', thebalancecareers.com, 20 Nov 2019, accessed Jan 2022 at https://www.thebalancecareers.com/lawyer-career-drawbacks-2164594

讓你不自量力的冰山一角

9. J. Kruger & M. Evans, 'If you don't want to be late, enumerate: Unpacking reduces the planning fallacy', *Journal of Experimental Social Psychology*, 40(5), 2002, pp 586–98, accessed Dec 2021 at https://psycnet.apa.org/record/2004-17814-002

10. Roger Buehler & Dale Griffin, 'Planning, personality, and prediction: The role of future focus in optimistic time predictions', *Organizational Behavior and Human Decision Processes*, Volume 92, Issues 1–2, 2003, pp 80–90, accessed Dec 2021 at https://www.sciencedirect.com/science/article/pii/S074959780300089X

這個簡單的問題可以讓你永遠不再後悔自己的決定

11. William Needles, 'The Pleasure Principle, The Constancy Principle, and The Primary Autonomous Ego', 17(3), 1 July 1969, pp 808–25, accessed Jan 2022 at https://journals.sagepub.com/doi/abs/10.1177/000306516901700306

12. T. Eyal, N. Liberman, Y. Trope & E. Walther, 'The Pros and Cons of Temporally Near and Distant Action', *Journal of Personality and Social Psychology*, 86(6), 2004, pp 781–95, accessed Jan 2022 at https://psycnet.apa.org/record/2004-14304-001

決定應該參加哪些會議

13. Hansen, Morton, *Great at Work: How Top Performers Do Less, Work Better and Achieve More*, Simon & Schuster, 2018

利用可能待辦清單完成更多事

14. Y. Huang, L. Wang, & J. Shi, 'When do objects become more attractive? The individual and interactive effects of choice and ownership on object evaluation', *Personality and Social Psychology Bulletin*, 35(6), 2009, pp 713–22, accessed Dec 2021 at https://psycnet.apa.org/record/2009-08449-004

第二章　架構：形塑你的一天

讓晝夜節律形塑你的一天

15. Fatemeh Amini, Seyed Mohammad Moosavi, Raheleh Rafaiee, Ali Asghar Nadi Ghara & Masoudeh Babakhanian, 'Chronotype patterns associated with job satisfaction of shift working healthcare providers', *Chronobiol Int*, 38(4), April 2021, pp 526–33, accessed Dec 2021 at https://pubmed.ncbi.nlm.nih.gov/33435743/

讓每一天都有令人心滿意足的亮點

16. G. Oettingen, M.K. Marquardt, & P.M. Gollwitzer, 'Mental contrasting turns positive feedback on creative potential into successful performance', *Journal of Experimental Social Psychology*, 48(5), 2012, pp 990–96, accessed Dec 2021 at https://psycnet.apa.org/record/2012-10398-001

認真對待休息時間

17. A. Bergouignan, K.T. Legget, N. De Jong et al, 'Effect of frequent interruptions of prolonged sitting on

self-perceived levels of energy, mood, food cravings and cognitive function', *International Journal Behavioral Nutrition and Physical Activity*, 13, 113 (2016), accessed Dec 2021 at https://ijbnpa.biomedcentral.com/articles/10.1186/s12966-016-0437-z

18. Michaela Dewar, Jessica Alber, Christopher Butler, Nelson Cowan & Sergio Della Sala, 'Brief Wakeful Resting Boosts New Memories Over the Long Term', *Psychological Science*, 23(9), pp 955–60, accessed Dec 2021 at https://journals.sagepub.com/doi/abs/10.1177/0956797612441220

停止無腦檢查電子信箱

19. Kostadin Kushlev & Elizabeth W. Dunn, 'Checking email less frequently reduces stress', *Computers in Human Behavior*, Volume 43, Feb 2015, pp 220–28, accessed Dec 2021 at https://www.sciencedirect.com/science/article/abs/pii/S0747563214005810

使用海明威把戲結束一天

20. 'The Zeigarnik Effect Explained', psychologistworld.com, accessed Jan 2022 at https://www.psychologistworld.com/memory/zeigarnik-effect-interruptions-memory

養成下班儀式

21. Samantha J. Heintzelman & Laura A. King, 'Routines and Meaning in Life', *Personality and Social Psychology Bulletin*, 45(5), 18 Sept 2018, pp 688–99, accessed Dec 2021 at https://journals.sagepub.com/doi/full/10.1177/0146167218795133

22. X. Li, L. Wei, & D. Soman, 'Sealing the emotions genie: The effects of physical enclosure on psychological closure', *Psychological Science*, 21(8), 2010, pp 1047–50, accessed Dec 2021 at https://psycnet.apa.org/record/201023598-001

第三章　效率：更快速、更聰明地工作

你需要獵殭屍

23. D.J. Sleesman, A.C. Lennard, G. McNamara & D.E. Conlon, 'Putting escalation of commitment in context: A multilevel review and analysis', *The Academy of Management Annals*, 12(1), 2018, pp 178–207, accessed Dec 2021 at https://psycnet.apa.org/record/2018-15084-007

更有效率的會議公式

24. J. Kruger, D. Wirtz, & D.T. Miller, 'Counterfactual Thinking and the First Instinct Fallacy', *Journal of Personality and Social Psychology*, 88(5), 2005, pp 725–35, accessed Dec 2021 at https://psycnet.apa.org/record/2005-04675-001

減少時間浪費的簡單策略

25. E. Pronin, E. Jacobs & D.M. Wegner, 'Psychological effects of thought acceleration', *Emotion*, 8(5), 2008, pp 597–612, accessed Dec 2021 at https://psycnet.apa.org/record/2008-13989-002

26. Echo Wen Wan & Brian Sternthal, 'Regulating the Effects of Depletion Through Monitoring',

Personality and Social Psychology Bulletin, 34(1), 1 Jan 2008, pp 32–46, accessed Dec 2021 at https://journals.sagepub.com/doi/10.1177/0146167207306756

透過助推理論改變行為

27. P. Rozin, S. Scott, M. Dingley, J.K. Urbanek, H. Jiang & M. Kaltenbach, 'Nudge to Nobesity I: Minor Changes in Accessibility Decrease Food Intake', *Judgment and Decision Making*, 6 (4), 2011, pp 323–32, accessed Dec 2021 at https://repository.upenn.edu/cgi/viewcontent.cgi?article=1282&context=marketing_papers

不再忘記自己讀過的東西

28. Jeffrey D. Karpicke & Janell R. Blunt, 'Retrieval Practice Produces More Learning than Elaborative Studying with Concept Mapping', *Science*, Vol 331, Issue 6018, 11 Feb 2011, pp 772–75, accessed Dec 2021 at https://www.science.org/doi/abs/10.1126/science.1199327

第四章　專注：直達心流

29. 'How much time do we spend on social media?', mediakik.com, accessed Dec 2021 at https://mediakix.com/blog/how-much-time-is-spent-on-social-media-lifetime/#gs.EQCxB7I

30. J. De-Sola Gutiérrez, F. Rodríguez de Fonseca & G. Rubio, 'Cell-Phone Addiction: A Review', *Frontiers in Psychiatry*, 7:175, 24 Oct 2016, accessed Jan 2022 at https://www.ncbi.nlm.nih.gov/pmc/articles/PMC5076301/

手機遠離餐桌可以提升快樂感

31. Ryan J. Dwyer, Kostadin Kushlev & Elizabeth W. Dunn, 'Smartphone use undermines enjoyment of face-to-face social interactions', *Journal of Experimental Social Psychology*, Volume 78, 2018, pp 233–39, accessed Dec 2021 at https://www.sciencedirect.com/science/article/abs/pii/S0022103117301737

習慣不舒服的感受會讓你更有生產力

32. Katharina Kircanski et al, 'Feelings into words: contributions of language to exposure therapy', *Psychological Science* vol. 23,10, 2012, pp 1086–91, accessed Dec 2021 at https://www.ncbi.nlm.nih.gov/pmc/articles/PMC4721564/

利用音樂進入狀態

33. J. Pates, C.I. Karageorghis, R. Fryer & I. Maynard, 'Effects of asynchronous music on flow states and shooting performance among netball players', *Psychology of Sport and Exercise*, 4(4), 2003, pp 415–27, accessed Dec 2021 at https://psycnet.apa.org/record/2003-10506-008

進入創意工作的流暢狀態

34. K.S. Jaussi & S.D. Dionne, 'Leading for creativity: The role of unconventional leader behavior', *The Leadership Quarterly*, 14(4-5), 2003, pp 475–98, accessed Dec 2021 at https://psycnet.apa.org/record/2003-09618-005

拖延的真正原因

35. Charlotte Lieberman, 'Why you procrastinate (it has nothing to do with self-control), *New York Times*, 25 March 2019, accessed Dec 2021 at https://www.nytimes.com/2019/03/25/smarter-living/why-you-procrastinate-it-has-nothing-to-do-with-self-control.html

36. Michael J.A. Wohl, Timothy A. Pychyl & Shannon H. Bennett, 'I forgive myself, now I can study: How self-forgiveness for procrastinating can reduce future procrastination', *Personality and Individual Differences*, 48, 2010, pp 803–8, accessed Jan 2022 at https://law.utexas.edu/wp-content/uploads/sites/25/Pretend-Paper.pdf

第五章　反思：檢視內心

把自我懷疑變成長處，而非弱點

37. A.J Crum, P. Salovey & S. Achor, 'Rethinking stress: The role of mindsets in determining the stress response', *Journal of Personality and Social Psychology*, 104(4), 2013, pp 716–33, accessed Dec 2021 at https://psycnet.apa.org/record/2013-06053-001

用這個簡單的問題把恐懼變成興奮

38. Kathryn C. Adair, Lindsay A. Kennedy & J. Bryan Sexton, 'Three Good Tools: Positively reflecting backwards and forwards is associated with robust improvements in well-being across three distinct interventions', *The Journal of Positive Psychology*, 15:5, 2020, pp 613–22, accessed Dec 2021 at https://

www.tandfonline.com/doi/full/10.1080/17439760.2020.1789707

尋求回饋的理想時機

39. J.J. Dahling, & C.L. Ruppel, 'Learning goal orientation buffers the effects of negative normative feedback on test self-efficacy and reattempt interest', *Learning and Individual Differences*, 50, 2016, pp 296–301, accessed Dec 2021 at https://psycnet.apa.org/record/2016-40949-001

尋求真正有用的回饋

40. Avraham N. Kluger & Angelo DeNisi, 'The Effects of Feedback Interventions on Performance: A Historical Review, a Meta-Analysis, and a Preliminary Feedback Intervention Theory', *Psychological Bulletin*, Vol. 119, No. 2, 1996, pp 254–84, accessed Dec 2021 at https://mrbartonmaths.com/resourcesnew/8.%20Research/Marking%20and%20Feedback/The%20effects%20of%20feedback%20interventions.pdf

提醒自己你有一天會死

41. Seneca, *On the Shortness of Life: Life Is Long if You Know How to Use It*, Penguin Books, 2005

第六章　連結：建立更好的人際關係

撰寫一頁的操作手冊

42. Darren's README page, about.gitlab.com, accessed Dec 2021 at https://about.gitlab.com/handbook/

marketing/readmes/dmurph/

43. Sijbrandij's CEO page, accessed Dec 2021 at https://about.gitlab.com/handbook/ceo/

利用一件衣物改變行為

44. A. Shantz & G.P. Latham, An exploratory field experiment of the effect of subconscious and conscious goals on employee performance. *Organizational Behavior and Human Decision Processes*, 109(1), 2009, pp 9–17, accessed Dec 2021 at https://psycnet.apa.org/record/2009-06254-003

不用認識新的人也可以建立好的人脈

45. Daniel Z. Levin, Jorge Walter & John Keith Murnighan, 'Dormant Ties: The Value of Reconnecting', *Organization Science*, 22(4), 2011, pp 923–39, accessed Dec 2021 at https://papers.ssrn.com/sol3/papers.cfm?abstract_id=1625543

46. Erica J. Boothby & Vanessa K. Bohn, 'Why a Simple Act of Kindness Is Not as Simple as It Seems: Underestimating the Positive Impact of Our Compliments on Others', *Personality and Social Psychology Bulletin*, 47 (5), 1 May 2021, pp 826–40, accessed Dec 2021 at https://journals.sagepub.com/doi/abs/10.1177/0146167220949003

認識新朋友該如何避免無意義的閒聊

47. Cheri A. Levinson, Julia K. Langer & Thomas L. Rodebaugh, 'Self-construal and social anxiety: Considering personality', *Personality and Individual Differences*, 51, 2011, pp 355–59, accessed Dec

2021 at http://www.cherilevinson.com/uploads/1/1/7/6/11768007/levinson_langer_rodebaugh.pdf

在社交活動認識新朋友沒那麼可怕

48. J.M. McNiel & W. Fleeson, 'The causal effects of extraversion on positive affect and neuroticism on negative affect: Manipulating state extraversion and state neuroticism in an experimental approach', *Journal of Research in Personality*, 40(5), 2006, pp 529–50, accessed Dec 2021 at https://psycnet.apa.org/record/2006-12442-005

第七章　精力：保持活力

49. Monk, Timothy, 'The Post-Lunch Dip in Performance', *Clinics in sports medicine*, 24(2), May 2005, accessed Dec 2021 at https://www.researchgate.net/publication/7848298_The_Post-Lunch_Dip_in_Performance

便利貼如何使你更有韌性

50. Bruce W. Smith, Erin M. Tooley, Erica Q. Montague, Amanda E. Robinson, Cynthia J. Cosper & Paul G. Mullins, 'The role of resilience and purpose in life in habituation to heat and cold pain', *The Journal of Pain*, 10(5). May 2009, pp 493–500, accessed Dec 2021 at https://pubmed.ncbi.nlm.nih.gov/19345153/

進行困難工作的最佳步調

51. M.L. Scott & S.M. Nowlis, 'The effect of goal specificity on consumer goal reengagement', *Journal of*

Consumer Research, 40(3), 2013, pp 444–59, accessed Dec 2021 at https://psycnet.apa.org/record/2013-32845-004

怦然心動資料夾

52. A. Vaish, T. Grossmann, & A. Woodward, 'Not all emotions are created equal: the negativity bias in social-emotional development', *Psychological Bulletin*, 134(3), 2008, pp 383–403. https://doi.org/10.1037/0033-2909.134.3.383, accessed Dec 2021 at https://www.ncbi.nlm.nih.gov/pmc/articles/PMC3652533/

讓電腦登入密碼使你更有生產力

53. R.A. Emmons & M.E. McCullough, 'Counting blessings versus burdens: an experimental investigation of gratitude and subjective well-being in daily life', *Journal of Personality and Social Psychology*, 84(2), Feb 2003, pp 377–89, accessed Jan 2022 at https://pubmed.ncbi.nlm.nih.gov/12585811/#affiliation-1
J.J. Froh, W.J. Sefick & R.A Emmons, 'Counting blessings in early adolescents: an experimental study of gratitude and subjective well-being', *Journal of School Psychology*, 46(2), April 2008, pp 213–33, accessed Jan 2022 at https://pubmed.ncbi.nlm.nih.gov/19083358/#affiliation-1
54. R.A. Emmons & M.E. McCullough, ibid.
55. J.J. Froh, W.J. Sefick & R.A. Emmons, ibid.

買下更多時間

56. Ashley V. Whillans, Elizabeth W. Dunn, Paul Smeets, Rene Bekkers & Michael I. Norton, 'Buying time promotes happiness', *Proceedings of the National Academy of Sciences*, 114 (32), Aug 2017, pp 8523–27, accessed Dec 2021 at https://www.pnas.org/content/114/32/8523

移除人生中反覆出現的惱人因子

57. Anandi Mani, Sendhil Mullainathan, Eldar Shafir & Jiaying Zhao, 'Poverty Impedes Cognitive Function', *Science*, (341), Aug 2013, pp 976–80, accessed Dec 2021 at https://scholar.harvard.edu/files/sendhil/files/976.full_.pdf

「好的，可是」的力量

58. Y. Zhang & N. Epley, 'Self-centered social exchange: Differential use of costs versus benefits in prosocial reciprocity', *Journal of Personality and Social Psychology*, 97(5), 2019, pp 796–810, accessed Dec 2021 at https://psycnet.apa.org/record/2009-19144-004